教育部哲学社会科学重大课题攻关项目
"贫困治理效果评估机制研究"（16JZD025）阶段性成果

中国共享发展研究报告
（2018）

ZHONGGUO GONGXIANG FAZHAN
YANJIU BAOGAO

北京师范大学中国扶贫研究院
北京师范大学经济与资源管理研究院
张 琦 万 君 沈杨扬/等著

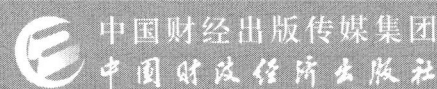

图书在版编目（CIP）数据

中国共享发展研究报告.2018／张琦等著.——北京：中国财政经济出版社，2020.8
ISBN 978-7-5095-9882-5

Ⅰ.①中… Ⅱ.①张… Ⅲ.①中国经济-经济发展-研究报告-2018 Ⅳ.①F124

中国版本图书馆 CIP 数据核字（2020）第 117428 号

责任编辑：胡　博　张晓丽　　　责任印制：刘春年
封面设计：孙俪铭　　　　　　　　责任校对：张　凡

中国财政经济出版社 出版

URL：http：//www.cfeph.cn
E-mail：cfeph@cfemg.cn
（版权所有　翻印必究）
社址：北京市海淀区阜成路甲 28 号　邮政编码：100142
营销中心电话：010-88191537
北京财经印刷厂印装　各地新华书店经销
787×1092 毫米　16 开　12.25 印张　218 000 字
2020 年 8 月第 1 版　2020 年 8 月北京第 1 次印刷
定价：58.00 元
ISBN 978-7-5095-9882-5
（图书出现印装问题，本社负责调换）
本社质量投诉电话：010-88190744
打击盗版举报热线：010-88191661　QQ：2242791300

前言

坚持以人民为中心的发展思想，不断促进全体人民共同富裕和实现人的全面发展。随着中国特色社会主义进入新时代，我国社会主要矛盾已经转化为人民日益增长的美好生活需要和不平衡不充分的发展之间的矛盾，如何缓解区域、城乡、群体之间发展差异，维护社会公平正义，使发展成果更多更公平地惠及全体人民，是我国在实现全面小康社会、迈入社会主义现代化建设征程中亟待解决的关键问题。

共享发展理念的提出，既具有强烈的时代特征，又具有鲜明的超前意识。值此消灭绝对贫困、实现全面小康社会的脱贫攻坚期，我国依然存在社会贫富差距水平不均等、区域城乡之间经济发展不平衡、人与生态环境之间不协调等问题。因此，党的十八届五中全会以来，以习近平同志为核心的党中央提出新时代五大发展理念，并将共享发展理念作为五大发展理念的出发点和落脚点，贯穿于经济社会发展全局。充分体现了新时代中国发展正朝着注重发展质量和提升人民满意感的高质量发展阶段迈进。

共享发展理念的落实，要依赖于新时代中国特色社会主义完善的制度安排。在践行共享发展理念的过程中，我们要着重构建更加有利于经济共享发展和社会公平正义的机制体制，以回应人民群众对美好生活的向往和诉求。特别是在建立和完善收入分配调节机制、社会保障机制、均等化公共服务体系、相对贫困治理机制、生态文明建设机制等方面要建立共享发展长效机制，破除人民共享改革发展成果的制约性、限制性因素，使人民在共建共享中获得安全感，在实现全面建成小康社会和经济社会高质量发展中获得幸福感。

在《中国共享发展报告（2016）》《中国共享发展报告（2017）》

的基础上，我们团队进一步将相关指标数据更新至 2018 年度，并结合乡村振兴战略的背景，通过经济发展分享度、社会保障公平度、公共服务均等化、减贫脱贫实现度、生态环境共享度六个方面对不同区域、城乡等共享发展水平进行指数化测度，力求全面反映我国共享发展理念的实践情况和促进实现"发展依靠人民、发展为了人民、发展成果由人民共享"的中国特色社会主义发展观。

目录 CONTENTS

总论 / 1

第一节 "共享发展"的新理论、新实践与新变化 / 1

第二节 中国共享发展指数测算结果及分析 / 6

第三节 主要结论 / 17

第一章 中国共享发展指数省际比较 / 24

第一节 省际经济发展分享度测算及分析 / 24

第二节 省际社会保障公平度测算及分析 / 30

第三节 省际公共服务均等化测算及分析 / 35

第四节 省际减贫脱贫实现度测算及分析 / 41

第五节 省际生态环境共享度测算及分析 / 46

第二章 中国城乡共享发展指数比较 / 53

第一节 城乡经济发展分享度测算及分析 / 53

第二节 城乡社会保障公平度测算及分析 / 57

第三节 城乡公共服务协调度测算及分析 / 62

第四节 城乡减贫脱贫实现度测算及分析 / 66

第五节 城乡生态环境共享度测算及分析 / 70

第三章 贫困与非贫困地区共享发展指数比较 / 75

第一节 贫困地区与非贫困地区共享发展指数（区域）对比 / 75

第二节 贫困地区与非贫困地区共享发展指数（城乡）对比 / 84

第三节 结论与建议 / 94

第四章　三大区域共享发展指数比较 / **97**

第一节　三大区域共享发展指数省际比较 / 97

第二节　三大区域城乡共享发展指数比较 / 110

第三节　三大区域共享发展比较说明 / 123

第五章　典型省份共享发展指数比较 / **127**

第一节　北京共享发展典型特征分析 / 127

第二节　上海共享发展典型特征分析 / 136

第三节　典型省份共享发展情况总结 / 144

专家论坛 / **146**

乡村振兴的共享经济实践探索 / 146

"分享"理念与中国特色社会主义政治经济学的新发展 / 161

从共享发展理念看能源高质量发展 / 171

共享经济与城市绿色发展 / 180

后记 / **187**

总　　论

新中国成立 70 年来，特别是党的十八大以来，党领导人民不断完善中国特色社会主义制度，推进国家治理体系和治理能力现代化，促进了政治稳定、经济发展、文化繁荣、民族团结和人民幸福，是共享发展的生动实践。2020 年中国将消除绝对贫困，进入新的历史时期。党的十九届四中全会指出，在消除了绝对贫困之后，还要继续做好减少相对贫困的工作。这从一个角度说明，在新的历史时期，中国依然需要继续坚持共享发展理念，形成人人参与、人人尽力、人人共享的良好局面是我们奋斗的目标。共享发展是人类的长久梦想，符合人类社会发展方向，但要真正实现共享发展，还需要长期的探索和不断的努力。共享发展不能一蹴而就，推动共享发展，既需要从现实出发，又要对其未来的发展的方向、阶段、实现条件等有前瞻性、预见性认识。今天中国取得的惊人成就和共享成果充分证明了中国共产党领导的正确性和科学性，因此，我们坚信实现共同富裕和共享发展的目标未来可期。

第一节　"共享发展"的新理论、新实践与新变化

党的十八届五中全会首次提出了共享发展理念。在习近平新时代中国特色社会主义思想的指引下，共享发展实现了理论创新、实践创新，取得了显著成效，新时代社会发展不平衡不充分的问题得到了一定的缓解，社会公平正义得到了维护，进一步满足人民在经济、政治、文化、社会、生态等方面日益增长的需要。

一、习近平新时代中国特色社会主义思想不断创新："共享发展"日益成熟

伟大的时代孕育伟大的思想。习近平新时代中国特色社会主义思想作为马克

思主义中国化的最新成果，具有实践性和创新性，不断推进共享发展迈向新的水平，为破解当前中国的发展难题、实现公平正义的发展，实现人民美好生活提供了根本遵循。

（一）新思想赋予共享发展人民性特征

人的全面发展既是共享发展的出发点，也是落脚点。习近平新时代中国特色社会主义思想的核心是以人民为中心，共享发展作为新时代中国特色社会主义思想的重要组成部分，具有鲜明的人民性的特征。习近平总书记指出："让广大人民群众共享改革发展成果，是社会主义的本质要求，是我们党坚持全心全意为人民服务根本宗旨的重要体现。"总书记强调，生活在我们伟大祖国和伟大时代的中国人民，共同享有人生出彩的机会，共同享有梦想成真的机会，共同享有同祖国和时代一起成长与进步的机会。党的十八大以来，以习近平同志为核心的党中央坚持共享发展，把实现好人民群众的根本利益作为落脚点和出发点，坚持把人民对美好生活的向往作为奋斗目标，不断推进民生的改善和创新社会治理，积极解决公平正义的问题，使广大人民群众更多更好地共享改革发展的成果。这些历史性的成就和历史性的变革体现着鲜明的人民性。

（二）新思想赋予共享发展实践性特征

从理论到实践，从理念到行动，需要高度的实践智慧。习近平新时代中国特色社会主义思想是一种具有实践智慧的思想，在其指导下共享发展理念具有很强操作性和实践性。习近平在谈到共享理念的时候讲，"要做好顶层设计和'最后一公里'落地的工作"，对于共享发展理念来说，"最后一公里"尤为重要。共享发展是一项复杂的系统性工程，涉及多个主体和多个环节，需要将加强党的领导和发挥人民的主体地位有机结合起来，在党的领导下最大限度地激发和释放人民推动共享发展的主体动能。党的十八大以来，党和国家从现实出发，着力解决人民群众最关心、最直接、最迫切的重大问题，通过全面深化改革开放，形成良好的体制机制和发展氛围；以保障基本民生，增强人民群众的获得感；通过经济的发展，创造更多就业岗位，使民众在参与中实现共享。这些措施和行动共同形成了人民参与和党的领导的同向同行、合力推进共享实践。

（三）新思想赋予共享发展科学性特征

习近平新时代中国特色社会主义思想具有科学属性，赋予党的历史使命、理论遵循、目标任务新的时代内涵。新思想指导下的共享发展理念体现了马克思主义发展理念关于"发展为什么"的思想精髓,强调共享发展就是为了不断满足人民群众的美好生活需要,为了人的全面发展、全体人民共同富裕。共享发展的对象并非仅仅是经济成果的共享,还包括政治昌明所带来的政治参与表达进而提供给共同主体的自由度扩展,也一定包括文化的繁荣与文明的跃进所带来的精神的丰富,还包括由于人与自然关系的和谐共生而回归的天人合一的生态价值的馈赠。共享发展所解决的问题具有高度的复杂性和综合性,涉及教育、卫生、健康、居住等各方面,涉及每个人。这些问题紧贴群众实实在在的利益,需要多学科、多种思维方式综合解决。因此,共享发展思想是一个集合多种能力、多种智慧的科学理念。

二、脱贫攻坚与乡村振兴相衔接:共享发展转换新路径

当前和未来一段时间是我国脱贫攻坚和乡村振兴战略实施交汇的特殊时期,中国即将完成打赢脱贫攻坚战的任务,向实现乡村振兴的新阶段迈进。不论是脱贫攻坚还是乡村振兴,都是实现共享发展的重要路径和必然要求,但乡村振兴标志着中国共享发展踏上了新征程,转换了新路径。要加快形成脱贫攻坚和乡村振兴战略相互支撑、相互配合、有机衔接的良性互动格局,加快推进共享发展的实现。

(一)脱贫攻坚为共享发展奠定了良好基础

脱贫攻坚生动践行了以人民为中心的共享发展思想,彰显了我们党致力于促进共同富裕和实现人的全面发展的崇高理想和价值追求。与以往的贫困治理方式完全不同,脱贫攻坚摈弃过去粗放式的扶贫,坚持精准扶贫的原则,最大化地保障分配正义、优化扶贫资源以及提升扶贫效益。共享发展是精准扶贫的目的和归宿,精准扶贫是共享发展的途径和手段。打赢脱贫攻坚战,注重激发人民创造财富的活力,激发人民创造物质文明、精神文明和生态文明的积极性及动力,通过加大农村地区基础设施投入,改善贫困地区发展条件和农民生产生活条件,让农村地区具备自我发展能力,让农民在贫困地区经济社会发展中增加收入,享受社会福利,带领贫困人口和贫困地区同全国一道进入全面小康社会。打赢脱贫攻坚战役是共享发展的一场伟大实践,为全面实现共享发展奠定了坚实的基础。

(二)乡村振兴为共享发展提供了新的路径

乡村振兴是脱贫攻坚的战略升级,也是共享发展的深度推进,让广大人民共享改革发展成果是实现乡村振兴的根本目的。脱贫攻坚具有紧迫性、突击性和特

殊性的特点，乡村振兴则具有渐进性、持久性和综合性的特点。习近平总书记在十九大报告中提出关于实施乡村振兴战略："要坚持农业农村优先发展，按照产业兴旺、生态宜居、乡风文明、治理有效、生活富裕的总要求。"这一战略是决胜全面建成小康社会、开启全面建设社会主义现代化国家新征程的一项重大战略，是实现共享发展的新的战略部署和要求。如果说，脱贫攻坚是解决发展中的不平衡问题，那么乡村振兴则是通过解决不充分来解决不平衡问题。乡村振兴是实现共享发展的新动力和重要保障。顺利实现脱贫攻坚向乡村振兴衔接，有效实施乡村振兴战略，将为今后我国共享发展开辟新的道路。我们应牢记初心和使命，认真领会乡村振兴的新内涵、新要求、新标准，在乡村振兴战略中完成共享发展的重要目标。

三、绝对贫困向相对贫困转变：共享发展迈上新台阶

新中国成立以来，党和国家不断探索治理贫困的有效路径，取得了惊人的成绩。尤其是精准扶贫的实施，强有力地促进了贫困地区和贫困人口的脱贫步伐，中国即将完成消灭绝对贫困的历史任务，完成共享发展的底线目标。与此同时，中国将进入相对贫困的历史时期，共享发展也将迈向新的台阶。

（一）绝对贫困的消除标志着中国共享发展迈出了坚实的一步

让人民群众共享改革发展成果，这是社会主义的本质要求，是社会主义制度优越性的集中体现，也是我们党坚持全心全意为人民服务根本宗旨的必然选择。新中国成立时，近九成中国人生活在农村，普遍处于极端贫困状态。即使到改革开放初期，按照2010年农村贫困标准，农村贫困人口达7.7亿人，贫困发生率达97.5%，几乎所有农村人口都是贫困人口。改革开放以后，党中央确立了以经济建设为中心的目标，在农村和城市广泛推进了以人民为主体的经济改革，中国社会爆发出巨大的经济活力，短短几十年，人们的物质生活和城市面貌，从改革开放前的国民经济濒临崩溃的局面变成了国内生产总值位居世界第二。进入新时代，为了全面建成小康社会，确保每个中国人实现不愁吃不愁穿和义务教育、基本医疗、安全住房有保障，国家实施精准扶贫、精准脱贫，加大贫困地区基础设施、公共服务的投入，促进贫困地区教育、医疗、产业就业等方面的发展，人们的生活发生了翻天覆地的变化。2018年底，中国农村贫困人口已经不足1700万人，照此速度，2020年中国必然彻底消除绝对贫困。这一伟大成就全面地体现了社会主义发展共享和共同富裕的特征，是中国共享发展理念最生动的写照。

（二）未来相对贫困的治理将推进共享发展实现新的跨越

绝对贫困的消灭并不意味着扶贫工作的结束，而标志着中国贫困治理进入破解相对贫困的历史时期。治理相对贫困将是未来扶贫工作的重要核心内容，而且将是一项长期的任务。相对贫困时期，人们将追求更高层次的精神和文化层次的需要，追求更高的共享形式，对公平正义、权利平等、生活环境等方面会提出越来越高的要求。在这个关键时期，十九届四中全会首次提出坚决打赢脱贫攻坚战，建立解决相对贫困的长效机制。因此，未来必须坚持和完善中国特色社会主义制度，着力破解相对贫困问题，加快实现共同富裕的目标。全面贯彻共享发展理念，加快完善社会主义市场经济体制，完善正确处理新形势下人民内部矛盾有效机制，完善党委领导、政府负责、民主协商、社会协同、公众参与、法治保障、科技支撑的社会治理体系，建设人人有责、人人尽责、人人享有的社会治理共同体。从制度建构、体制改革、服务导向、基础教育、公共服务、社会保障等实质性方面予以保障，促进人的经济、政治、文化、社会、生态等全面性的共享，满足人民多层次多样化需求，使改革发展成果更多更公平惠及全体人民。

四、构建人类命运共同体：全球"共享发展"初现曙光

构建人类命运共同体作为习近平共享发展理念的组成部分深刻体现了中国共享发展的世界性。中国共享发展理念不仅是中国的共享，还是世界的共享。世界共享是中国发展的担当和责任，也是中国共享发展的条件。中国共享发展的不断创新和实践也推进了全球共享发展。

（一）中国共享发展理念促进了全球发展的"共享"属性

共享发展所展现的中国特色社会主义的本质属性要求，从更大的场域来说则是世界发展的本质要求。人类命运共同体作为从中国出发的对未来人类发展作前瞻性思考的伟大倡议，把人类的共生性本质与人类的命运紧密联系起来，使人类发展彰显"共享"光芒。习近平总书记指出："这个世界，各国相互联系、相互依存的程度空前加深，人类生活在同一个地球村里，生活在历史和现实交汇的同一个时空里，越来越成为你中有我、我中有你的命运共同体。"共享发展理念是习近平新时代中国特色社会主义思想的核心内容之一，它占据真理和正义的制高点，借鉴更超越了国际"包容性增长"理念，实现了从全体人民共同受益到全体人民共同富裕的目标的超越，从解决绝对贫困到解决相对贫困的超越。在全球

化与一体化并存的现代社会里，人类社会的互利共生性已经成为现代世界的一个根本性的特征，习近平总书记提出的这种基于人类社会各个国家各个民族共生性的基本要求而必然导向人类命运共同体的建构，为人类发展提供了共享路径。发展成果的世界性共享是世界历史发展的必然，也是新时代我国共享发展的新目标和新使命。构建人类命运共同体就是我国共享发展的世界性在现实中的鲜明体现，是我国贡献给世界的又一伟大智慧，全球共享、世界共享的意识正在逐渐增强。

（二）中国共享发展实践推进了全球共享的进程

构建人类命运共同体不仅停留在理论层面，中国在一直在不断努力践行世界共享的目标。共建开放共享的世界经济，是构建人类命运共同体理念的具体实践，也为国际社会战胜潜在危机、实现共同发展指明方向。中国积极参与联合国、20 国集团、亚太经合组织、金砖国家等机制合作，共同推动经济全球化向前发展。通过共建"一带一路"等平台，中国与各国一起为完善全球治理提供新探索，为世界各国发展拓展合作空间。此外，中国在消除自身贫困的同时，通过各种形式帮助最不发达国家摆脱贫困。中国共享发展的世界实践为中华民族共同体走向亚洲命运共同体进而走向人类命运共同体提供了全方位的保障，为实现共生性主体的自由权益与可行能力做了最为厚实的奠基。"新时代、共享未来"，这是 2019 年习近平总书记在进博会上对世界各国发出的"中国邀请"，充分彰显了中国与世界共享发展机遇、共创美好未来的决心与担当。在中国的努力下，未来世界共享发展必将得以实现。

第二节　中国共享发展指数测算结果及分析

在中国省际和城乡共享发展指标体系的基础上，本书收集了除西藏、香港、澳门、台湾之外的 30 个省（区、市）2016 年的数据，从经济发展分享度、社会保障公平度、公共服务均等度、减贫脱贫实现度和生态环境共享度五个角度出发计算出了省际和城乡的共享发展指数值，并分别对指标结果进行了区域比较分析和时空比较分析。[①] 此外，还从区域整体和城乡的角度出发，对省际共享发展指数和城乡共享发展指数的结果进行了对比分析。

---

① 因缺乏相关数据，本书未分析西藏、香港、澳门、台湾等地区的情况，书中仅就这 30 个省（区、市）进行分析。书中后面的相关分析均如此，特此说明。

一、中国省际共享发展指数测算结果及分析

本章根据"中国共享发展指标体系"中省际共享发展指数的测度标准,利用2016年的年度数据,分别对中国30个省(区、市)的共享发展指数值进行了测度,并进行了区域比较。

(一)中国省际共享发展指数测算结果

根据"中国省际共享发展指标体系"中的测度体系和权重标准,本书计算了我国30个省(区、市)的经济发展分享度、社会保障公平度、公共服务均等度、减贫脱贫实现度和生态环境共享度的指标值,并在此基础上得到了省际共享发展指数值,具体的测算结果及排名如表0-1所示。

表0-1　　　　　　　中国省际共享发展指数及排名

省份	共享发展指数(省际)		一级指标									
			经济发展分享度		社会保障公平度		公共服务均等度		减贫脱贫实现度		生态环境共享度	
	指标值	排名	指标值	排名	指标值	排名	指标值	排名	指标值	排名	指标值	排名
北京	0.712	1	0.112	1	0.176	1	0.221	1	0.122	6	0.081	4
上海	0.560	2	0.071	3	0.130	3	0.195	2	0.119	7	0.044	28
江苏	0.512	3	0.052	4	0.109	12	0.138	6	0.155	1	0.059	22
浙江	0.503	4	0.039	10	0.118	6	0.158	5	0.127	4	0.060	21
新疆	0.477	5	0.037	15	0.099	15	0.172	4	0.059	25	0.110	3
山东	0.464	6	0.039	13	0.114	8	0.124	8	0.130	3	0.056	24
福建	0.456	7	0.044	7	0.087	22	0.108	10	0.137	2	0.080	6
广东	0.443	8	0.034	16	0.102	14	0.134	7	0.122	5	0.052	26
天津	0.443	9	0.077	2	0.043	30	0.176	3	0.112	9	0.035	29
内蒙古	0.426	10	0.025	23	0.088	21	0.116	9	0.074	21	0.122	1
湖北	0.418	11	0.043	8	0.125	5	0.098	14	0.094	14	0.058	23
海南	0.399	12	0.028	22	0.067	29	0.108	11	0.115	8	0.080	5
河北	0.390	13	0.047	6	0.075	26	0.096	15	0.100	11	0.071	10
重庆	0.379	14	0.019	26	0.113	9	0.086	18	0.089	16	0.072	8
辽宁	0.378	15	0.039	12	0.109	11	0.107	12	0.077	19	0.045	27
湖南	0.373	16	0.016	28	0.139	2	0.072	22	0.076	20	0.070	11
江西	0.373	17	0.039	11	0.081	23	0.080	19	0.103	10	0.069	12

续表

省份	共享发展指数（省际）		一级指标									
			经济发展分享度		社会保障公平度		公共服务均等度		减贫脱贫实现度		生态环境共享度	
	指标值	排名	指标值	排名	指标值	排名	指标值	排名	指标值	排名	指标值	排名
宁夏	0.365	18	0.050	5	0.092	17	0.095	16	0.060	24	0.069	14
广西	0.355	19	0.031	18	0.080	24	0.077	20	0.096	13	0.072	9
黑龙江	0.353	20	0.029	20	0.098	16	0.072	23	0.089	17	0.065	16
陕西	0.352	21	0.029	21	0.128	4	0.076	21	0.055	27	0.065	15
安徽	0.352	22	0.024	25	0.091	19	0.094	17	0.081	18	0.062	19
青海	0.341	23	0.030	19	0.090	20	0.071	24	0.036	30	0.114	2
山西	0.341	24	0.025	24	0.092	18	0.103	13	0.060	23	0.061	20
四川	0.332	25	0.012	30	0.118	7	0.041	29	0.097	12	0.064	18
河南	0.327	26	0.037	14	0.107	13	0.034	30	0.094	15	0.055	25
吉林	0.315	27	0.042	9	0.073	27	0.069	25	0.067	22	0.064	17
贵州	0.295	28	0.016	27	0.111	10	0.047	27	0.052	29	0.069	13
云南	0.275	29	0.015	29	0.079	25	0.045	28	0.058	26	0.079	7
甘肃	0.241	30	0.031	17	0.067	28	0.061	26	0.053	28	0.029	30

注：1. 本表根据省际共享发展指数测算体系，依各指标 2016 年数据测算而得。2. 本表各省（区、市）按照省际共享发展指数值从大到小排序。3. 本表中共享发展指数等于经济发展分享度、社会保障公平度、公共服务均等度、减贫脱贫实现度和生态环境共享度五个一级指标值之和。

（二）中国省际共享发展指数的区域比较

根据测算结果，省际共享发展指数排在前 10 位的省（区、市）依次是：北京、上海、江苏、浙江、新疆、山东、福建、广东、天津、内蒙古。排在第 11~20 位的 10 个省（区、市）分别是湖北、海南、河北、重庆、辽宁、湖南、江西、宁夏、广西、黑龙江。排在第 21~30 位的 10 个省（区、市）分别是陕西、安徽、青海、山西、四川、河南、吉林、贵州、云南、甘肃。

总体来看，东部地区的共享发展水平相对较高，但也有个别省份的共享发展水平排名较为靠后，如河北。中部地区省份的共享发展水平普遍不高，湖北、湖南和江西处于中游水平，其他省份则排在后 10 名。西部地区省际共享发展水平整体较低且省份间差异较大，有的省份共享发展水平相对较高，如新疆、内蒙古挤进前 10 名；重庆、宁夏、广西的共享发展水平处于中游；而陕西、青海、四川、贵州、云南和甘肃则排名较为靠后。

测算结果显示，在参与测算的 30 个省（区、市）中，有 12 个省（区、市）

共享发展水平高于全国平均水平，按指数值高低排序依次是：北京、上海、江苏、浙江、新疆、山东、福建、广东、天津、内蒙古、湖北、海南；其他18个省（区、市）的共享发展水平低于平均水平（见图0-1）。

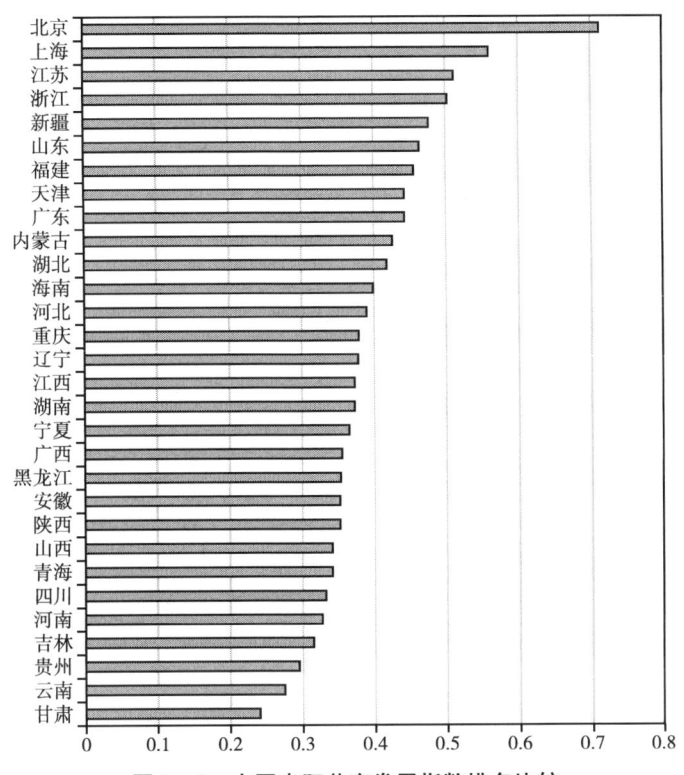

图0-1 中国省际共享发展指数排名比较

注：根据表0-1制作。指数值由高到低排列。

（三）中国省际共享发展指数的时空比较

通过比较2017年和2018年中国30个省（区、市）的共享发展指数测度结果及排名，我们可以对各地区的共享发展水平进行时空分析，考察各地整体共享发展的进度和成果，具体情况见表0-2。

从2017年和2018年两年的均值状况来看，共享发展指数均值排在前10名的省（区、市）是：北京、上海、江苏、浙江、山东、天津、福建、新疆、湖北、广东。其中，北京、上海、江苏、浙江、天津、福建、山东7个省份一直处于领先水平，始终位于前10名。排在第11~20名的10个省（区、市）是：内蒙古、海南、湖南、江西、广西、重庆、陕西、安徽、辽宁、青海。排在第21~

表 0-2　2017 年、2018 年中国 30 个省（区、市）省际共享发展指数及排名变化

省份	2017 年		2018 年		两年均值		排名进退
	指标值	排名	指标值	排名	指标均值	排名	
北京	0.696	1	0.712	1	0.704	1	0
上海	0.562	2	0.56	2	0.561	2	0
江苏	0.498	3	0.512	3	0.505	3	0
浙江	0.496	4	0.503	4	0.500	4	0
天津	0.478	5	0.443	9	0.461	6	-4
湖北	0.466	6	0.418	11	0.442	9	-5
福建	0.465	7	0.456	7	0.461	7	0
山东	0.458	8	0.464	6	0.461	5	2
湖南	0.454	9	0.373	16	0.414	13	-7
广西	0.451	10	0.355	19	0.403	15	-9
陕西	0.44	11	0.352	21	0.396	17	-10
新疆	0.438	12	0.477	5	0.458	8	7
江西	0.437	13	0.373	17	0.405	14	-4
海南	0.435	14	0.399	12	0.417	12	2
青海	0.435	15	0.341	23	0.388	20	-8
内蒙古	0.43	16	0.426	10	0.428	11	6
广东	0.43	17	0.443	8	0.437	10	9
安徽	0.428	18	0.352	22	0.390	18	-4
重庆	0.417	19	0.379	14	0.398	16	5
辽宁	0.402	20	0.378	15	0.390	19	5
山西	0.392	21	0.341	24	0.367	23	-3
黑龙江	0.387	22	0.353	20	0.370	22	2
吉林	0.387	23	0.315	27	0.351	25	-4
河北	0.382	24	0.39	13	0.386	21	11
贵州	0.373	25	0.295	28	0.334	28	-3
宁夏	0.364	26	0.365	18	0.365	24	8
河南	0.364	27	0.327	26	0.346	26	1
四川	0.354	28	0.332	25	0.343	27	3
甘肃	0.309	29	0.241	30	0.275	30	-1
云南	0.306	30	0.275	29	0.291	29	1

注：1. 本表根据中国省际共享发展指数纵向比较指标体系，依据各指标 2015~2016 年数据测算而得，本报告中 2017~2018 年指代的均是报告期。2. 本表中的排序依据是 2017 年和 2018 年各省（区、市）省际共享发展指数均值的大小。

30 名的 10 个省（区、市）是：河北、黑龙江、山西、宁夏、吉林、河南、四川、贵州、云南、甘肃。

从 2017 年和 2018 年两年的排名进退情况来看，有些省份的排名变化不大。其中，北京、上海、江苏、浙江、福建 5 个省（市）十分稳定，排名没有发生变化；河南和云南上升了一个名次，略有进步；甘肃下降了一个名次，略有退步；其他省份的排名变化较为明显。其中，新疆、海南、内蒙古、广东、重庆、辽宁、黑龙江、河北、宁夏、四川的排名都得到了一定的提高，河北的进步最大，进步了 11 名。天津、湖北、湖南、广西、陕西、江西、青海、安徽、山西、吉林和贵州的排名有较大幅度的下降，陕西的降幅最大，下降了 10 名。

二、中国城乡共享发展指数测算结果及分析

本章根据"中国共享发展指标体系"中城乡共享发展指数的测度标准，利用 2016 年的年度数据，从城乡维度对中国 30 个省（区、市）的共享发展指数值进行了测度。随后从区域和时空比较的视角，阐释我国不同地区以及不同时间点城乡共享发展水平的差异。

（一）中国城乡共享发展指数测算结果

根据"中国城乡共享发展指标体系"中的测度体系和权重标准，本书计算了我国 30 个省（区、市）的城乡共享发展指数值，具体的测算结果及排名如表 0-3 所示。

表 0-3　　　　　　　　中国城乡共享发展指数及排名

省份	共享发展指数（城乡）		一级指标									
			经济发展分享度		社会保障公平度		公共服务协调度		减贫脱贫实现度		生态环境共享度	
	指标值	排名	指标值	排名	指标值	排名	指标值	排名	指标值	排名	指标值	排名
上海	0.701	1	0.064	22	0.245	2	0.125	1	0.184	1	0.083	1
福建	0.526	2	0.094	12	0.214	3	0.068	8	0.116	9	0.033	9
江苏	0.524	3	0.096	11	0.173	8	0.062	14	0.169	4	0.024	16
浙江	0.515	4	0.114	5	0.148	14	0.062	15	0.157	5	0.034	7
天津	0.509	5	0.12	4	0.141	16	0.002	30	0.173	3	0.073	2
安徽	0.495	6	0.123	2	0.246	1	0.058	26	0.047	29	0.02	19
北京	0.493	7	0.054	23	0.132	22	0.093	2	0.177	2	0.037	5

续表

省份	共享发展指数（城乡）		一级指标								
			经济发展分享度		社会保障公平度		公共服务协调度		减贫脱贫实现度		生态环境共享度	
	指标值	排名	指标值	排名	指标值	排名	指标值	排名	指标值	排名	指标值	排名
河北	0.458	8	0.134	1	0.163	10	0.06	22	0.08	11	0.022	18
江西	0.449	9	0.105	7	0.203	4	0.061	17	0.055	23	0.025	15
山东	0.446	10	0.068	20	0.135	20	0.068	7	0.127	6	0.047	3
河南	0.429	11	0.12	3	0.14	17	0.067	10	0.067	17	0.035	6
海南	0.427	12	0.084	14	0.15	12	0.067	9	0.117	8	0.009	27
广东	0.425	13	0.049	26	0.171	9	0.069	6	0.122	7	0.013	23
山西	0.411	14	0.081	15	0.181	7	0.06	21	0.061	20	0.029	11
湖南	0.409	15	0.084	13	0.194	6	0.059	23	0.049	26	0.022	17
湖北	0.38	16	0.1	9	0.134	21	0.057	27	0.073	14	0.016	22
吉林	0.375	17	0.097	10	0.131	23	0.058	25	0.061	21	0.027	14
陕西	0.373	18	0.049	25	0.197	5	0.06	20	0.047	28	0.019	20
重庆	0.367	19	0.079	16	0.149	13	0.061	18	0.049	27	0.029	12
广西	0.364	20	0.077	17	0.162	11	0.059	24	0.064	18	0.002	29
云南	0.358	21	0.072	19	0.138	19	0.056	28	0.051	24	0.041	4
黑龙江	0.354	22	0.102	8	0.075	27	0.075	3	0.069	15	0.034	8
辽宁	0.344	23	0.052	24	0.125	24	0.071	5	0.064	19	0.033	10
四川	0.328	24	0.106	6	0.108	25	0.062	16	0.051	25	0.001	30
甘肃	0.318	25	0.034	30	0.138	18	0.065	11	0.068	16	0.013	24
内蒙古	0.296	26	0.074	18	0.073	28	0.063	13	0.058	22	0.028	13
贵州	0.294	27	0.037	29	0.146	15	0.064	12	0.028	30	0.019	21
新疆	0.29	28	0.038	28	0.095	26	0.074	4	0.073	13	0.01	26
宁夏	0.266	29	0.067	21	0.071	29	0.046	29	0.078	12	0.004	28
青海	0.253	30	0.046	27	0.051	30	0.061	19	0.083	10	0.011	25

注：1. 本表根据城乡共享发展指数测算体系，依各指标 2016 年数据测算而得。2. 本表各省（区、市）按照城乡共享发展指数值从大到小排序。3. 本表中城乡共享发展指数等于经济发展分享度、社会保障公平度、公共服务均等度、减贫脱贫实现度和生态环境共享度五个一级指标值之和。

（二）中国城乡共享发展指数的区域比较

根据测算结果，城乡共享发展指数排在前 10 位的省（区、市）依次是：上海、福建、江苏、浙江、天津、安徽、北京、河北、江西、山东。排在第 11~20 位的 10 个省（区、市）分别是河南、海南、广东、山西、湖南、湖北、吉林、陕西、重庆、广西。排在第 21~30 位的 10 个省（区、市）分别是云南、黑龙江、辽宁、四川、甘肃、内蒙古、贵州、新疆、宁夏、青海。

总体来看，东部地区的共享发展水平相对较高，但也有个别省份的共享发展水平排名较为靠后，东三省的城乡共享发展水平处于中下游。中部地区省份的共享发展水平总体处于中等水平，安徽最高，排名第 6；湖北最差，排名第 16。西部地区城乡共享发展水平整体较低，大部分省份都位于后 10 名。

测算结果显示，在参与测算的 30 个省（区、市）中，有 15 个省（区、市）的城乡共享发展水平高于全国平均水平，按指数值高低排序依次是：上海、福建、江苏、浙江、天津、安徽、北京、河北、江西、山东、河南、海南、广东、山西、湖南；其他 15 个省（区、市）的城乡共享发展水平低于平均水平（见图 0-2）。

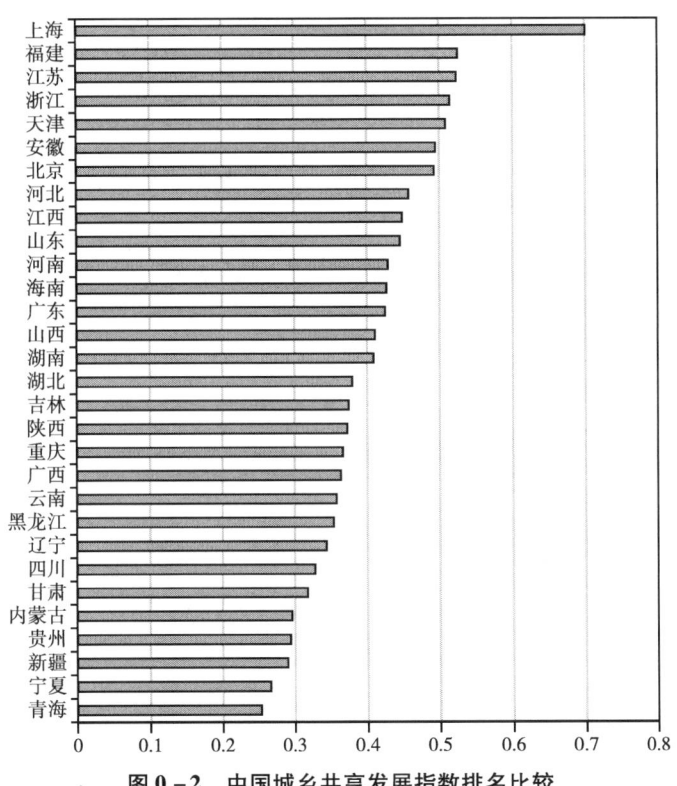

图 0-2 中国城乡共享发展指数排名比较

注：根据表 0-3 制作。指数值由高到低排列。

（三）中国城乡共享发展指数的时空比较

通过比较 2017 年和 2018 年中国 30 个省（区、市）的城乡共享发展指数测度结果及排名，我们可以对各地区的城乡共享发展水平进行时空比较分析，考察各地城乡共享发展的进展情况，具体情况见表0-4。

表0-4 2017年、2019年中国30个省（区、市）城乡共享发展指数及排名变化

省份	2017年		2018年		两年均值		排名进退
	指标值	排名	指标值	排名	指标均值	排名	
上海	0.628	1	0.701	1	0.6645	1	0
福建	0.532	2	0.526	2	0.529	2	0
天津	0.53	3	0.509	5	0.5195	3	-2
江苏	0.514	4	0.524	3	0.519	4	1
浙江	0.498	5	0.515	4	0.5065	5	1
河南	0.468	6	0.429	11	0.4485	8	-5
河北	0.454	7	0.458	8	0.456	7	-1
安徽	0.446	8	0.495	6	0.4705	6	2
江西	0.431	9	0.449	9	0.44	10	0
山东	0.421	10	0.446	10	0.4335	11	0
北京	0.402	11	0.493	7	0.4475	9	4
广东	0.397	12	0.425	13	0.411	12	-1
海南	0.378	13	0.427	12	0.4025	13	1
湖北	0.37	14	0.38	16	0.375	16	-2
广西	0.37	15	0.364	20	0.367	17	-5
湖南	0.363	16	0.409	15	0.386	14	1
山西	0.356	17	0.411	14	0.3835	15	3
云南	0.343	18	0.358	21	0.3505	18	-3
黑龙江	0.329	19	0.354	22	0.3415	20	-3
吉林	0.316	20	0.375	17	0.3455	19	3
辽宁	0.309	21	0.344	23	0.3265	23	-2
重庆	0.307	22	0.367	19	0.337	21	3
四川	0.294	23	0.328	24	0.311	24	-1
陕西	0.291	24	0.373	18	0.332	22	6
新疆	0.29	25	0.29	28	0.29	26	-3
内蒙古	0.287	26	0.296	26	0.2915	25	0
贵州	0.27	27	0.294	27	0.282	28	0
甘肃	0.251	28	0.318	25	0.2845	27	3
青海	0.247	29	0.253	30	0.25	30	-1
宁夏	0.24	30	0.266	29	0.253	29	1

注：1. 本表根据中国城乡共享发展指数纵向比较指标体系，依据各指标2014~2015年数据测算而得，本报告中2016~2017年指代的均是报告期。2. 本表中的排序依据是2016年和2017年各省（区、市）城乡共享发展指数均值的大小。

从 2016 年和 2018 年两年的均值状况来看，共享发展指数均值排在前 10 名的省（区、市）是：上海、福建、天津、江苏、浙江、安徽、河北、河南、北京、江西。其中，上海、福建、天津、江苏、浙江、安徽、河北、北京、江西 9 个省份的城乡共享发展水平一直较高，始终位于前 10 名。排在第 11~20 名的 10 个省（区、市）是：山东、广东、海南、湖南、山西、湖北、广西、云南、吉林、黑龙江。2017 年和 2019 年两年，这些省份的共享发展指数排名大多都在中游水平浮动。排在第 21~30 名的 10 个省（区、市）是：重庆、陕西、辽宁、四川、内蒙古、新疆、甘肃、贵州、宁夏、青海。

从 2017 年和 2018 年两年的排名进退情况来看，有些省份的排名变化不大。其中，上海、福建、江西、山东、内蒙古、贵州 6 个省份十分稳定，排名没有发生变化；河北、广东、四川、青海略有退步；江苏、浙江、海南、湖南、宁夏略有进步。其他省份的排名变化较为明显。其中，山西、吉林、重庆、甘肃、北京、陕西的排名都得到了较大幅度提高，陕西的进步最大，提高了 6 名。河南、广西、云南、黑龙江、新疆、天津、湖北、辽宁的排名有较大幅度的下降。

三、省际和城乡共享发展指数结果对比分析

进一步地，本书对中国省际共享发展指数与城乡共享发展指数进行比较分析。从测算结果看，有些省份的省际共享发展指标和城乡共享发展指标排名趋同，而有些省份则相差较大。相差较小的省份多集东部地区，相差较大的地区多属于中西部地区。具体变化见表 0-5。

表 0-5 中国省际共享发展指数与城乡共享发展指数的对比

省份	共享发展指数（省际）		共享发展指数（城乡）		两者排名变化比较
	指标值	排名	指标值	排名	
北京	0.712	1	0.493	7	-6
上海	0.56	2	0.701	1	1
江苏	0.512	3	0.524	3	0
浙江	0.503	4	0.515	4	0
新疆	0.477	5	0.29	28	-23
山东	0.464	6	0.446	10	-4
福建	0.456	7	0.526	2	5
广东	0.443	8	0.425	13	-5
天津	0.443	9	0.509	5	4

续表

省份	共享发展指数（省际）		共享发展指数（城乡）		两者排名变化比较
	指标值	排名	指标值	排名	
内蒙古	0.426	10	0.296	26	-16
湖北	0.418	11	0.38	16	-5
海南	0.399	12	0.427	12	0
河北	0.39	13	0.458	8	5
重庆	0.379	14	0.367	19	-5
辽宁	0.378	15	0.344	23	-8
湖南	0.373	16	0.409	15	1
江西	0.373	17	0.449	9	8
宁夏	0.365	18	0.266	29	-11
广西	0.355	19	0.364	20	-1
黑龙江	0.353	20	0.354	22	-2
陕西	0.352	21	0.373	18	3
安徽	0.352	22	0.495	6	16
青海	0.341	23	0.253	30	-7
山西	0.341	24	0.411	14	10
四川	0.332	25	0.328	24	1
河南	0.327	26	0.429	11	15
吉林	0.315	27	0.375	17	10
贵州	0.295	28	0.294	27	1
云南	0.275	29	0.358	21	8
甘肃	0.241	30	0.318	25	5

（一）东部地区省际和城乡共享发展水平的趋势大体相同

从表0-5中可以看到，接近一半省份的区域间共享发展水平与城乡间共享发展水平的排名变化不大，两者排名差小于4（包括4）的有12个，且有6个省份属于东部地区。这说明目前我国东部区域间的共享发展水平和城乡间的共享发展水平相关性较高，其城乡共享发展的均衡程度影响着该地区整体共享发展水平的高低，城乡共享发展水平高的地区，其整体共享发展水平也较高。

（二）中西部地区省际和城乡共享发展水平相差较大

从图0-3中可以看到，大多数中西部地区的整体共享发展水平与其城乡间的共享发展水平相差较大。

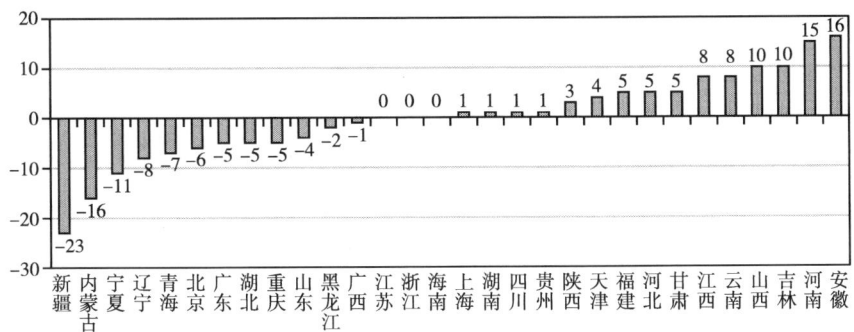

图 0-3 地区共享发展水平与其内部城乡共享发展水平排名差异

其中,新疆、内蒙古、宁夏、辽宁、青海、北京、广东、湖北、重庆9个省份的城乡共享发展水平显著低于该地区整体的共享发展水平。由此说明,这9省份整体的共享发展水平相对较好,但内部城乡共享发展水平相对落后,城乡发展不均衡。9个省份中,新疆的差异最大,其城乡共享发展水平比整体共享发展水平低了23个名次,这说明目前新疆虽然整体共享水平较高,但城乡发展差距较大。这些省份未来必须要促进农村的发展,提高城乡共享发展的水平。

而福建、河北、甘肃、江西、云南、山西、吉林、河南、安徽9个省份的城乡共享发展水平显著高于整体共享发展水平,说明其城乡内部的共享程度较高,城乡差异较小,发展较为均衡。其中,安徽的省际共享发展水平与城乡共享发展水平差距最大,相差16个名次。这说明安徽的城乡均衡发展程度较高,但总体共享发展水平较低。因此,这些省份在城乡协同发展的同时,必须提升其整体共享发展水平。

第三节 主要结论

一、省际共享指数一级指标主要结论

经济增长分享度指数排名前10位的省(区、市)依次是:北京、天津、上海、江苏、宁夏、河北、福建、湖北、吉林、浙江。就经济增长分享度的两个分指标而言,经济增长排名前10位的省(区、市)依次是:天津、北京、上海、宁夏、河北、江苏、福建、吉林、辽宁和山东;就业指标排名前10位的省(区、市)依次是:北京、甘肃、湖北、海南、新疆、广东、浙江、广西、江苏和河南。各地区经济增长分享度从地理区域来看,发展较好的省(区、市)几乎都集中在中国的东部沿海地区，发展居中的省（区、市）集中在中国的中部地区，发展较弱的省（区、市）则集中在中国的西部地区。一个地区的经济增长分享度发展好坏将会对该地区整体的共享发展水平产生较大的影响。一般说来经济越发达地区，其经济增长分享度相对较高，它对共享发展指数水平的贡献也相对较大；反之，经济越落后地区，其经济增长分享度相对较低，它对共享发展指数水平的贡献也相对较小，甚至拖了共享发展指数的后腿。

社会保障公平度前10位的省（区、市）依次是：北京、湖南、上海、陕西、湖北、浙江、四川、山东、重庆和贵州。从东部、中部、西部、东北四大区域看，社会保障公平度的区域差异较小，东北部社会保障公平度略低于其他三个地区，东部、中部和西部地区差异不大。西部地区大多数省（区、市）的社会保障公平度较高，利了共享发展总指数的提升。东北地区的辽宁和黑龙江省的社会保障公平度排名略高于其共享发展指数排名，表明东北地区的社会保障公平度拉动作用有限。

公共服务均等化指数值排在前10位的省（区、市）依次是：北京、上海、天津、新疆、浙江、江苏、广东、山东、内蒙古和福建。公共服务均等化的地区差异依旧明显。从东、中、西和东北四大经济区的角度看，发展较好地区相对集中在东部沿海地区以及西部的新疆、山西和内蒙古；东北地区黑龙江和吉林相对较弱；中部和西部依旧相对复杂，表明这两个区域内部的差异较大。就公共服务均等化的四个分指标而言，区域间的差异也非常显著。其中，基础设施指数的区域间差异最大，东部地区明显高于全国平均水平及其他三个地区。教育指数的区域间差异较大，东部地区高于全国平均水平，其他三个地区科技指数值相近，且低于全国平均水平。就科技指标而言，东部最高，高于全国平均水平；东北部、中部和西部差异微小，均低于全国平均水平。就文体指标而言，东部最高，三个地区差异较小。总体来看，东部地区的公共服务均等化具有较强的优势，而其他三个地区在该项指标上则相对逊色。

减贫脱贫实现度指数排名前10位的省（区、市）依次是：江苏、福建、山东、浙江、广东、北京、上海、海南、天津和江西。从减贫脱贫实现度的区域分布来看，减贫脱贫实现度总体呈现东部较好、中部和东北部居中，西部偏低的局面。这在一定程度上显示了一个地区的减贫脱贫实现度发展好坏将会对该地区整体的共享发展水平产生较大的影响。一般说来经济越发达地区，其减贫脱贫实现度相对较高，它对共享发展指数水平的贡献也相对较大；反之，经济越落后地区，其减贫脱贫实现度相对较低，它对共享发展指数水平的贡献也相对较小，甚至拖了共享发展指数的后腿。总而言之，提升减贫脱贫实现度将有助于区域的共享发展。

生态环境共享度前10位的省（区、市）依次是：内蒙古、青海、新疆、北京、海南、福建、云南、重庆、广西和河北。从东部、中部、西部、东北四大区域看，生态环境共享度的区域差异也比较明显。西部生态环境共享度明显好于其他三个地区，其次是中部和东部地区，东北部的生态环境共享度则相对较弱。生态环境共享度的区域间差异主要来自于资源方面，西部和东北部具有明显的优势，中部和东部地区相对较弱；同时，东部环境与气候变化方面略有优势。

二、城乡共享发展指数一级指标主要结论

从一级指标情况来看，城乡经济发展分享度指标的前10名分别是河北、安徽、河南、天津、浙江、四川、江西、黑龙江、湖北、吉林。城乡经济发展分享度区域间的差异非常显著，总体呈现中部较好，东部次之，西部较落后的局面。就城乡经济发展分享度的两个二级指标的区域分布来看，收入与支出指标中，东部、中部和西部相差不大，但是西部明显低于其他三个地区；就业指标中，中部较为领先，西部次之，都处于领先地位，而东北和东部较低。

城乡社会保障公平度指标的前10名的省（区、市）分别是安徽、上海、福建、江西、陕西、湖南、山西、江苏、广东、河北。从城乡社会保障公平度的区域分布来看，城乡社会保障公平度总体呈现中部较好、东部次之、西部居中，东北较差的局面。就城乡社会保障公平度的二级指标而言，除养老指标中东西部相差不大、东北显著落后以外，健康医疗、住房和教育指标的区域间差异也非常显著。健康医疗指标中，中部显著优于西部、东部和东北。住房指标中，东部最优，中部次之，西部落后，东北最差。教育指标中，东部和中部较为接近，处于领先地位，东北次之，西部最为落后。

城乡公共服务协调度指标的前10名分别是上海、北京、黑龙江、新疆、辽宁、广东、山东、福建、海南、河南。城乡公共服务均等度总体呈现东部和东北地区较为领先，中部和西部所差不多，相对落后的局面。就城乡公共服务协调度的二级指标而言，中部地区的交通指标远远落后与其他地区，可见中部6省（区、市）在农村路网建设上还有较大的提升空间；西部地区的交通指标也相对不足；但是在科技方面，东中西和东北地区相差不多，具体到三级指标即各地区的城乡宽带接入用户之比相差不大。

减贫脱贫实现度指标测算结果全国前10位的省（区、市）分别是上海、北京、天津、江苏、浙江、山东、广东、海南、福建、青海；其中东部地区9个，

西部地区1个，中部地区和东北地区未有省份进入前10。全国城乡减贫脱贫实现度总体呈现东部一枝独秀，遥遥领先于其他地区，中部、东北和西部差距不大。相比2017年指标值来说，四大区域的城乡减贫脱贫实现度都有小幅度提升。

城乡生态环境共享度指标的前10名分别是上海、天津、山东、云南、北京、河南、浙江、黑龙江、福建、辽宁（并列）；其中东部地区6个，东北地区2个，中部地区1个，西部地区1个。城乡生态环境共享总体呈现东部高、东北地区次之、中部居中、西部落后的情况。二级指标资源则东北地区表现最佳，明显领先于其他地区，东中西依次位于其后；环境指标中，东部显著领先，中部次之，而西部和东北地区都非常低，严重落后。

三、区域对比分析主要结论

在此之外，本书对贫困地区与非贫困地区，东、中、西三大区域，北京、上海两个重点城市的共享发展水平也进行了比较，有以下发现：

（一）贫困地区与非贫困地区对比

1. 省际共享发展指数方面，总体来看，非贫困地区共享发展水平明显高于贫困地区，贫困地区省份的共享发展指标值均值远低于其他省份。但从一级指标来看，贫困地区省份生态环境共享度指标值均值要高于其他非贫困地区省份。

第一，东部非贫困地区的共享发展指数均值为0.499，远高于贫困地区的均值0.355和全国均值0.398。共享发展指数值最高的前10个省份中有8个来自东部发达地区，共享发展指数值最低的10个省份均来自于贫困地区，两极分化的趋势极为明显。

第二，贫困省份的五个一级指标得分并非全部低于非贫困地区，非贫困地区经济发展分享度、公共服务均等化、减贫脱贫实现度三个指标得分优于贫困地区，生态环境共享度指标得分则低于贫困地区，而两地区的社会保障公平度指标均值则相差不大。

第三，贫困地区经济发展分享度指标均值为0.03，低于非贫困地区的指标均值0.055。但从构成经济发展分享度指标的经济增长和就业程度两个二级指标来看，两地区的得分则略有不同。

第四，非贫困地区社会保障公平度优于贫困地区，但地区差异并不大。非贫困地区社会保障公平度指标均值为0.105，略高于贫困地区的指标均值0.098。

第五，贫困地区省份脱贫攻坚任重而道远。减贫脱贫一级指标和二级指标相同，由于涉及贫困发生率以及农村生活生产情况，贫困省份指标值目前仍然低于非贫困省份，贫困省份的贫困发生率仍需要进一步降低。

第六，贫困地区生态环境共享度大幅领先非贫困地区。贫困地区生态环境共享度指标均值为0.071，而非贫困地区的生态环境共享度指标均值为0.061，贫困地区省份的生态环境共享度优于非贫困地区。

2. 城乡共享发展指数方面，贫困地区的城乡差距更大，贫困地区省份的共享发展（城乡）指数远低于非贫困地区。从总体上看，非贫困省份的共享发展指数（城乡）均值为0.507，远高于贫困地区的均值0.362和全国均值0.406。共享发展指数（城乡）均值最高的前10个省份中有7个来自东部发达地区，共享发展指数值最低的15个省份均来自于贫困地区，两极分化的趋势比共享发展指数（区域）那么严重更为严重。

第一，贫困地区和非贫困地区的经济发展分享度城乡差距程度相当。非贫困地区经济发展分享度指标均值为0.083，略高于贫困地区的指标均值0.08。

第二，非贫困地区城乡社会保障公平度差距小于贫困地区。非贫困地区社会保障公平度指标均值为0.168，略高于贫困地区的指标均值0.139，表明非贫困地区的社会保障城乡差距更小一些。

第三，非贫困地区城乡公共服务均等化程度优于贫困地区，但两地区差异不大。非贫困地区公共服务均等化程度指标均值为0.068，而贫困地区公共服务均等化程度指标均值为0.062，公共服务协调度方面贫困地区城乡差距总体上高于非贫困地区，但差异并不明显。

第四，贫困地区基本生活保障的城乡差距远大于非贫困地区。减贫脱贫实现度一级指标和二级指标相同，三级指标主要涉及最低生活保障、供水、改厕收益度等三个指标。从整体上看，非贫困地区各省得分均高于贫困地区省份。表明在涉及基本生活保障的三个方面，贫困地区的城乡差距远大于非贫困地区。结合本指标体系的区域部分，可以发现无论是绝对量、相对量还是在城乡差距方面，涉及基本生活保障的部分，贫困地区和非贫困地区的差距都非常大。

（二）东、中、西三大区域对比

1. 从省际共享发展指数层面来看，三大区域共享发展指数逐次递减，其中东部地区共享发展指数最高，中部居中，西部最差。

第一，东部地区共享发展指数内部差异较大，北京、上海、江苏等地遥遥领先。东部地区，共享发展指数内部差异较大，甚至可以说呈现一边倒的"两极分化"现象。共享发展指数前10名,东部地区占了8个。依次分别为北京、上海、江苏、浙江、山东、福建、广东、天津。在东部地区内部,共享发展指数呈现较大差距。东部地区省际共享发展指数的平均值是0.456,北京地区的共享发展指数是0.712,明显拉高了东部地区的省际共享发展指数,而排名较靠后的海南、河北、辽宁,共享发展指数均小于0.4,明显拉低了省级区域共享发展指数。

第二,中部地区省际共享发展指数平均,略低于全国平均水平。中部地区省际共享发展指数较平均,中部地区省际共享发展指数的平均值是0.364,除湖北外,其他省区均低于全国的共享发展指数省际平均数0.398,总体上在20名左右,而山西、河南则明显落后于中部其他地区。

第三,西部地区省际共享发展指数落后,内部差异较大。西部地区省际共享发展指数整体水平较低,平均值为0.349,低于全国平均水平0.398。具体来看,排名较靠前的新疆、内蒙古等地高于全国省际共享发展指数平均水平,特别是新疆,排名在全国第5位。而贵州、云南、甘肃位列全国倒数,特别是甘肃省,位于全国倒数第一。这与西部地区生态环境脆弱、工业产业经济发展滞后、贫困地区普遍有关,囿于自然条件、人文素质等因素,西部地区共享发展指数整体比较落后,科、教、文、卫等公共服务均等化水平普遍不高。

2. 城乡共享发展指数层面,从整体上看,东、中、西部的城乡共享发展指数依次递减。东部最高、中部居中、西部最低,且东部和中部地区的城乡共享发展指数均高于全国平均水平。

第一,东部地区城乡共享发展指数最高,但辽宁省拉低了东部地区指数。东部地区的城乡共享发展指数高于全国平均水平6.3%,高于西部地区15%,东部地区经济发展速度快、质量高,基础设施完善,社会保障水平高等使得东部地区城乡共享发展指数最高。

第二,中部地区的城乡共享发展指数不断提升,内部差异不明显。总体上看,中部地区的城乡共享发展指数居中且高于全国平均水平。由于经济发展分享度和社会保障公平度的提升,中部地区的城乡共享发展指数在不断提升。中部地区的城乡共享发展指数内部差异最小,极差为0.115,除湖北省外,其余各省的城乡共享发展指数均高于全国平均水平。

第三,西部地区城乡共享发展指数较低,严重滞后。西部地区城乡共享发展指数严重滞后,低于全国平均水平8.7%,城乡经济发展水平、城乡社会保障公平度、公共服务均等化水平等落后,西部地区城乡发展不平衡程度最高。

（三）典型省份对比分析

第一，整体来看，北京市共享发展情况良好，省际层面略优于城乡层面。省际层面，各一级指标和多数二级指标表现优异，不少指标位列全国前茅，需要注意的是社会保障公平度的住房指标和生态环境共享度的资源指标。城乡层面，各指标值和排名差异明显，需要特别关注的是经济发展、社会保障公共服务均等度的科技指标。因此，北京市政府在未来城市发展时，应更注重城乡均衡发展，缩小城乡发展差距。

第二，上海市省际和城乡共享发展水平在全国均遥遥领先。省际层面，经济发展分享度、社会保障公平度、公共服务均等化和减贫脱贫实现度均处于全国前列，生态环境共享度与前4个指标有明显差距，需要重点关注环境、资源和就业方面。城乡层面，经济发展分享度与其他4个一级指标差距明显，需要重点关注收入支出、就业和环境方面。因此，上海市需要在巩固现有工作成果基础上，补齐短板，在经济发展分享和生态环境共享等方面继续努力。

第一章

中国共享发展指数省际比较

本章以公开出版的统计年鉴为基础，以2017中国省区共享发展指数指标体系为依据，全面系统地反映了中国30个省（区、市）的共享发展情况，分析了这些地区的共享发展排名。同时，本章从共享发展指数五个一级指标出发，分别编排了五个部分，即"省际经济发展分享度测算及分析""省际社会保障公平度测算及分析""省际公共服务均等化测算及分析""省际减贫脱贫实现度测算及分析""省际生态环境共享度测算及分析"和"中国各省（区、市）共享发展指数的时空比较"，深入解析了2017年中国30个省（区、市）经济发展分享度、社会保障公平度、公共服务均等化、减贫脱贫实现度、生态环境共享度的具体情况。

第一节 省际经济发展分享度测算及分析

作为共享发展指数的重要内涵之一，经济发展分享度是对一个地区经济发展过程中共享程度的综合评价。本节根据"中国省际共享发展指数指标体系"中经济增长共享度的测度标准，利用2017年的年度数据，从经济增长和就业角度分别对中国30个省（区、市）的经济发展分享度指数进行了测度及分析。

一、省际经济发展分享度指数测算结果

根据"中国省区共享发展指数指标体系"中经济增长分享度的测度体系和权重标准，我国30个省（区、市）经济增长分享度指数及排名如表1-1所示。

可以看到，经济增长分享度指数排名前10位的省（区、市）依次是：北京、天津、上海、江苏、宁夏、河北、福建、湖北、吉林、浙江（图1-1）。其中，经济增长排名前10位的省（区、市）依次是：天津、北京、上海、宁夏、河北、

表1–1　中国30个省（区、市）经济增长分享度指数及排名

省份	经济发展分享度		二级指标			
			经济增长		就业	
	指标值	排名	指标值	排名	指标值	排名
北京	0.112	1	0.072	2	0.040	1
天津	0.077	2	0.073	1	0.004	16
上海	0.071	3	0.071	3	0.000	27
江苏	0.052	4	0.044	6	0.008	9
宁夏	0.050	5	0.049	4	0.002	25
河北	0.047	6	0.045	5	0.003	21
福建	0.044	7	0.043	7	0.002	25
湖北	0.043	8	0.028	15	0.015	3
吉林	0.042	9	0.038	8	0.004	16
浙江	0.039	10	0.030	12	0.009	7
江西	0.039	11	0.034	11	0.005	15
辽宁	0.039	12	0.037	9	0.002	24
山东	0.039	13	0.035	10	0.004	16
河南	0.037	14	0.029	13	0.008	9
新疆	0.037	15	0.023	17	0.014	5
广东	0.034	16	0.020	22	0.014	5
甘肃	0.031	17	0.013	27	0.018	2
广西	0.031	18	0.022	20	0.009	7
青海	0.030	19	0.022	18	0.007	11
黑龙江	0.029	20	0.029	14	0.000	28
陕西	0.029	21	0.023	16	0.005	14
海南	0.028	22	0.013	26	0.015	3
内蒙古	0.025	23	0.022	19	0.003	21
山西	0.025	24	0.021	21	0.004	16
安徽	0.024	25	0.018	23	0.006	12
重庆	0.019	26	0.016	24	0.003	21
贵州	0.016	27	0.010	30	0.006	12
湖南	0.016	28	0.016	25	0.000	28
云南	0.015	29	0.012	29	0.003	20
四川	0.012	30	0.012	28	0.000	28

注：1. 本表根据"中国省际共享发展指数指标体系"中经济增长分享度的指标体系，依各指标2017年数据测算而得。2. 本表各省（区、市）按照经济增长分享度的指数值从大到小排序。3. 本表一级指标经济增长分享度指数等于经济发展分享度、就业指标两个二级指标指数值之和。4. 为了便于后文进行比较分析，基于算术平均方法，我们测算得到30个参评省（区、市）的经济增长分享度的平均水平为0.038，经济增长指标的平均水平为0.031，就业指标的平均水平为0.007。

江苏、福建、吉林、辽宁和山东；就业指标排名前 10 位的省（区、市）依次是：北京、甘肃、湖北、海南、新疆、广东、浙江、广西、江苏和河南。

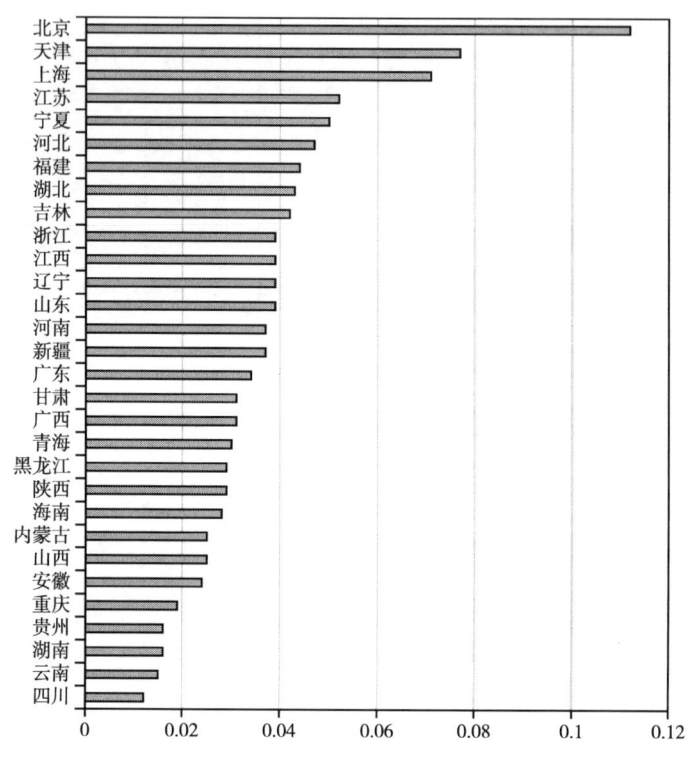

图 1-1　中国 30 个省（区、市）经济增长分享度指数

各地区经济增长分享度从地理区域来看，发展较好的省（区、市）几乎都集中在中国的东部沿海地区，发展居中的省（区、市）集中在中国的中部地区，发展较弱的省（区、市）则集中在中国的西部地区。下面进一步从区域间经济增长分享度的差异、区域内部经济增长分享度的差异以及经济增长分享度对共享发展的影响三个方面进行分析。

二、经济发展分享度区域间差异分析

从经济增长分享度的区域分布来看，经济增长分享度总体呈现东部较好、东北部偏中上、中部居中，西部偏低的局面（图 1-2）。在东部地区的 10 个省（市）中，排在前 10 位的有 7 个，广东、山东和海南分别排在第 16、13 和 22 位。其中，北京以 0.112 的高分居全国第 1 位。从各项指标来看，北京在经济发展分享度、就业指标指数值均排在全国的第1位，整体较好。中部六省中，排在前10位的有1个，湖北位列第8位，排在第11~20位的有2个，江西、河南分别位列第11、14位，其余三省均排在20位以后。东北三省的排名分别为第9、12和20位，均处于中上等水平；西部地区的11个（除西藏外）参评省（区、市）中，除宁夏排在第5位、甘肃、广西、新疆和青海排列在15~19位之间，其他6个省（区、市）排在第20~30位，整体排名靠后。

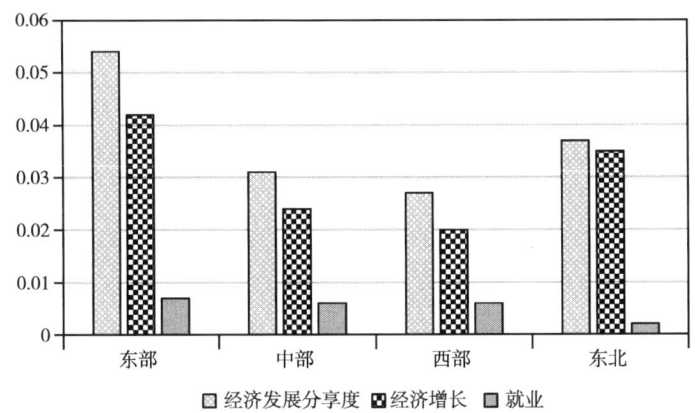

图1-2 中国四大区域经济增长分享度对照

注：上图中数据为四大区域中各省（区、市）指标值的算术平均值。

就经济增长分享度的两个分指标而言，区域间的差异也非常显著。经济发展分享度区域间差异最大，西部和中部地区远落后于东部地区，东北地区情况稍好，除黑龙江外均高于全国平均水平。就业指标特点有所不同，东部地区明显高于其他地区，但中部地区和西部地区较为接近，东北地区最低，且均低于全国平均水平。

三、经济发展分享度区域内情况分析

从四大区域内各省（区、市）的情况看，区域内部经济发展分享度情况较为相似。东部10个省（市）除广东省、海南省和山东省外其余省（区、市）的经济发展分享度均在全国前十，分列全国1~4位和6、7、10位；海南省指数值为0.028，比北京低0.084，列22位；山东省和广东省指数值分别为0.039、0.034，列13、16位。除河南、湖北、江西在15名以内，中部其余三省的经济发展分享度均在 20 名以外，指数值最高的湖北省高于最低的湖南省 0.027。西部 11 个省（区、市）的经济发展分享度除宁夏外均排在中下游位置，其中四川省指数值最低，为 0.012，排名最高最低省（区、市）的极差为 0.038。东北三省的经济发展分享度排在中上游位置，吉林、辽宁和黑龙江的指数值分别为 0.042、0.039 和 0.029。具体情况如表 1-2 所示。

表 1-2 经济发展分享度四大区域内部差异分析

区域	地区	指数值	排名	区域	地区	指数值	排名
东部	北京	0.112	1	西部	青海	0.030	19
	上海	0.071	3		内蒙古	0.025	23
	天津	0.077	2		新疆	0.037	15
	浙江	0.039	10		宁夏	0.050	5
	海南	0.028	22		陕西	0.029	21
	江苏	0.052	4		甘肃	0.031	17
	福建	0.044	7		贵州	0.016	27
	广东	0.034	16		四川	0.012	30
	山东	0.039	13		广西	0.031	18
	河北	0.047	6		重庆	0.019	26
中部	山西	0.025	24		云南	0.015	29
	湖南	0.016	28	东北	吉林	0.042	9
	江西	0.039	11		辽宁	0.039	12
	湖北	0.043	8		黑龙江	0.029	20
	安徽	0.024	25	由于缺少主要测算数据，因此，西藏、香港、澳门和台湾未参与测算			
	河南	0.037	14				

注：本表根据表 1-1 整理。

四、经济发展分享度对共享发展水平的影响分析

对比各地区经济增长分享度指数排序与共享发展指数排序后发现，30 个参评省（区、市）名次变动在 5 名及以内的省（区、市）达 15 个，等于总参评省（区、市）的 1/2。名次变动 10 个位次以上的省（区、市）有 7 个，接近参评省（区、市）数量的 7/30。名次变动在 5~10 名（包括 10）以内的有 8 个，接近参评省（区、市）数量的 4/15。

经济发展分享度是共享发展指数的重要组成部分。从表 1-3 中可以发现，

西部11个省（区、市）中内蒙古、重庆、新疆和四川4省（区、市）的经济增长分享度排名都落后于其共享发展指数排名，其余7个省（区、市）的经济增长分享度排名都等于或高于其共享发展指数排名，平均而言，西部地区经济增长分享度排名落后于其共享发展指数排名，因为新疆、内蒙古和重庆的经济增长分享度排名落后于其共享发展指数排名较大，分别为10、13和12，此外甘肃省的经济增长分享度排名高于其共享发展指数排名较大，经济增长分享度排名第17位，而共享发展指数排名为30位；东部10个省（市）中北京和福建没有变化，天津和河北2个省（市）的经济增长分享度排名高于共享发展指数排名外，其余6个省（市）的经济增长发展度排名落后于其共享发展指数排名；中部六省中，湖北、江西和河南经济增长分享度高于其共享发展指数，且排位差距较大河南省的经济增长分享度高于其共享发展指数12位，另外三省情况相反，其中湖南的经济增长分享度落后于其共享发展指数12位；东北三省中，除黑龙江没有变化外，吉林和辽宁的经济增长分享度排名均高于其共享发展指数。

表1-3　　省际共享发展指数与经济增长分享度排名差异比较

区域	地区	共享发展指数排名	经济发展分享度排名	排名变化	区域	地区	共享发展指数排名	经济发展分享度排名	排名变化
东部	北京	1	1	0	西部	贵州	28	27	-1
	山东	6	13	7		重庆	14	26	12
	浙江	4	10	6		宁夏	18	5	-13
	江苏	3	4	1		陕西	21	21	0
	上海	2	3	1		青海	23	19	-4
	福建	7	7	0		广西	19	18	-1
	河北	13	6	-7		新疆	5	15	10
	海南	12	22	10		甘肃	30	17	-13
	广东	8	16	8		云南	29	29	0
	天津	9	2	-7		内蒙古	10	23	13
中部	湖南	16	28	12		四川	25	30	5
	湖北	11	8	-3	东北	辽宁	15	12	-3
	河南	26	14	-12		吉林	27	9	-18
	安徽	22	25	3		黑龙江	20	20	0
	江西	17	11	-6	由于缺少主要测算数据，西藏、香港、澳门和台湾未参与测算				
	山西	24	24	0					

这在一定程度上显示了一个地区的经济增长分享度发展好坏将会对该地区整

体的共享发展水平产生较大的影响。一般说来经济越发达地区,其经济增长分享度相对较高,它对共享发展指数水平的贡献也相对较大;反之,经济越落后地区,其经济增长分享度相对较低,它对共享发展指数水平的贡献也相对较小,甚至拖了共享发展指数的后腿。总而言之,提升经济增长分享度将有助于区域的共享发展。

第二节 省际社会保障公平度测算及分析

社会保障公平度衡量的是一个地区养老、健康、医疗、住房情况。它是各地区养老、健康、医疗、住房等影响程度的综合反映,是共享发展指数的重要内涵之一。本节从区域比较的视角,采用"中国省际共享发展指数评价体系",测算了中国30个省(区、市)的社会保障公平度,详细阐述这些地区社会保障公平度的基本格局和特点,并具体比较这些地区在养老、健康、医疗、住房方面的差异。

一、省际社会保障公平度指数测算结果

根据"中国省际共享发展指数评价体系"中社会保障公平度的评价体系和权重标准,中国30个省(区、市)的社会保障公平度的测算结果见表1-4。

表1-4　　中国30个省(区、市)社会保障公平度指数及排名

省份	社会保障公平度		二级指标							
			养老		健康		医疗		住房	
	指标值	排名	指标值	排名	指标值	排名	指标值	排名	指标值	排名
北京	0.176	1	0.040	1	0.037	2	0.060	1	0.039	14
湖南	0.139	2	0.021	9	0.014	19	0.042	8	0.062	1
上海	0.130	3	0.022	8	0.040	1	0.037	10	0.031	22
陕西	0.128	4	0.021	10	0.015	17	0.048	4	0.044	6
湖北	0.125	5	0.014	19	0.015	16	0.045	5	0.050	3
浙江	0.118	6	0.022	7	0.026	5	0.037	11	0.034	20
四川	0.118	7	0.017	15	0.014	21	0.044	6	0.042	10
山东	0.114	8	0.028	3	0.026	4	0.032	17	0.028	24
重庆	0.113	9	0.023	6	0.017	11	0.043	7	0.029	23

续表

省份	社会保障公平度		二级指标							
			养老		健康		医疗		住房	
	指标值	排名	指标值	排名	指标值	排名	指标值	排名	指标值	排名
贵州	0.111	10	0.013	21	0.004	28	0.036	12	0.058	2
辽宁	0.109	11	0.020	13	0.019	9	0.050	3	0.021	29
江苏	0.109	12	0.020	11	0.020	7	0.034	15	0.035	19
河南	0.107	13	0.027	4	0.013	22	0.028	19	0.038	15
广东	0.102	14	0.029	2	0.022	6	0.009	27	0.042	11
新疆	0.099	15	0.000	30	0.008	26	0.056	2	0.036	16
黑龙江	0.098	16	0.004	26	0.017	12	0.034	14	0.043	9
宁夏	0.092	17	0.008	23	0.011	25	0.033	16	0.041	12
山西	0.092	18	0.017	16	0.014	18	0.025	20	0.035	18
安徽	0.091	19	0.026	5	0.015	15	0.006	30	0.044	7
青海	0.090	20	0.016	17	0.000	29	0.038	9	0.035	17
内蒙古	0.088	21	0.008	25	0.013	13	0.036	13	0.032	21
福建	0.087	22	0.018	14	0.017	13	0.011	26	0.041	13
江西	0.081	23	0.015	18	0.013	23	0.006	29	0.047	4
广西	0.080	24	0.004	27	0.016	14	0.016	23	0.044	5
云南	0.079	25	0.013	22	0.000	30	0.022	21	0.044	8
河北	0.075	26	0.020	12	0.014	19	0.014	24	0.027	26
吉林	0.073	27	0.001	28	0.019	10	0.032	18	0.021	28
甘肃	0.067	28	0.014	20	0.007	27	0.019	22	0.027	25
海南	0.067	29	0.008	24	0.019	8	0.013	25	0.026	27
天津	0.043	30	0.000	29	0.027	3	0.009	28	0.007	30

注：1. 本表根据"省际共享发展指数指标体系"中社会保障公平度的指标体系，依各指标2017年数据测算而得。2. 本表各省（区、市）按照社会保障公平度指数值从大到小排序。3. 本表一级指标"社会保障公平度"指数值等于"养老指标""健康指标"两个二级指标指数值之和。4. 以上数据及排名根据《中国统计年鉴2018》《中国环境统计年鉴2018》《中国环境统计年报2018》《中国城市统计年鉴2018》《中国水利统计年鉴2018》《中国工业统计年鉴2018》《中国沙漠及其治理》等测算。5. 为了便于后文进行比较分析，基于算术平均方法，我们测算得到30个测评省（区、市）的社会保障公平度的平均水平为0.1，养老指标的平均水平为0.016，健康指标的平均水平为0.016，医疗指标的平均水平为0.03，住房指标的平均水平为0.037。

从表1-4可以看到，排在社会保障公平度前10位的省（区、市）依次是：北京、湖南、上海、陕西、湖北、浙江、四川、山东、重庆和贵州。养老指标排名前10位的省（区、市）依次是：北京、广东、山东、河南、安徽、重庆、上海、浙江、湖南、陕西。健康指标排名前10位的省（区、市）依次是：上海、北京、天津、浙江、山东、广东、江苏、辽宁、吉林和海南。医疗指标排名前10位的省（区、市）依次是：北京、新疆、辽宁、陕西、湖北、四川、重庆、湖南、青海和上海。住房指标排名前10位的省（区、市）依次是：湖南、贵州、湖北、江西、广西、陕西、安徽、云南、黑龙江和四川。

根据表1-4中各地区的社会保障公平度的指数值可绘制出图1-3。社会保障公平度指数值用共享条框表示，社会保障公平度指数值越高，其共享条框就越长，社会保障公平度指数值越低，其条框就越短。

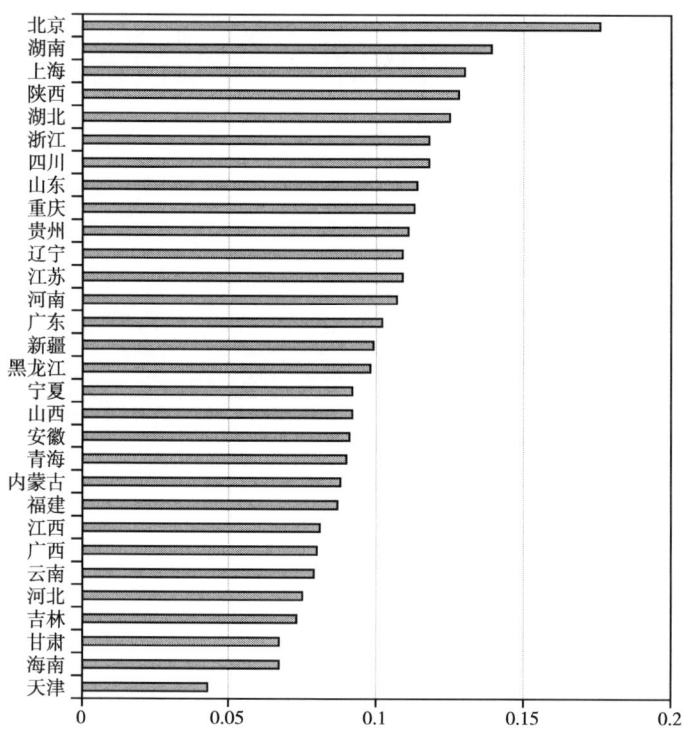

图1-3　社会保障公平度排名省际比较

注：本图根据表1-4制作，指数值由高到低排列。

二、社会保障公平度区域间差异分析

从东部、中部、西部、东北四大区域看，社会保障公平度的区域差异较小。如图1-4所示，东北地区社会保障公平度略低于其他三个地区，东部、中部和西部地区差异不大。分析两个四级指标可以发现，社会保障公平度的区域间差异主要来自于住房和医疗等方面。住房方面，中部和西部地区具有明显的优势，东部和东北部地区相对较弱；医疗方面，西部和东北部明显优于东部和中部（见图1-4和表1-4）；养老方面，四个区域差距较小，指数值均在0.02以内，东部和中部略微优于西部和东北部；健康方面。除东部地区指数值略高于0.02外，其余三个地区均在0.02以内，但东北地区指数值较低。

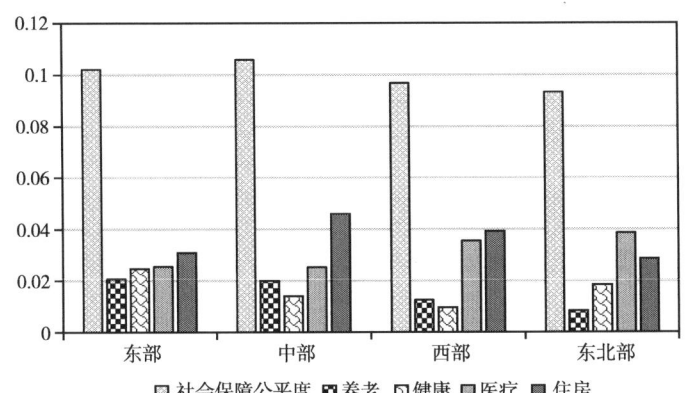

图1-4 中国四大区域社会保障公平度对照

注：图中数据为四大区域中各省（区、市）指标值的算术平均值。

通过以上对社会保障公平度的分析，可以得出，中国的社会保障公平度存在明显的地域性差异，中部地区具有优势，但中部、西部、东地区差异较小，东北部地区则相对较弱。

三、社会保障公平度区域内情况分析

从四大区域内各省（区、市）的情况看，各区域间的社会保障公平度存在较大差异。东部10个省（市）的指标值极差为0.133，从排名上看，4个省（市）排名全国上游，2个省（市）排名全国中游，4个省（市）排名全国下游，且排名最高的北京（第1）和排名最低的天津（第30）名次差距29位。中部地区的社会保障公平度水平差距较大，指标值极差为0.058。其中，2个省排名全国上游，3个省排名全国中游，1个省排名全国下游。西部11个省（区、市）的指标值极差为0.061，差距较大，4个省（区、市）排名全国前10，4个省（区、市）在全国后10位，另外3个省（区、市）位于中游。东北三省在社会保障公平度上的排名存在一定差距，极差为0.036，辽宁、吉林、黑龙江的排名分别为第11、27、16位。具体情况如表1-5所示。

表1-5 社会保障公平度四大区域内部差异分析

区域	地区	指数值	排名	区域	地区	指数值	排名
东部	北京	0.176	1	西部	贵州	0.111	10
	山东	0.114	8		重庆	0.113	9
	浙江	0.118	6		宁夏	0.092	17
	江苏	0.109	12		陕西	0.128	4
	上海	0.130	3		青海	0.090	20
	福建	0.087	22		广西	0.080	24
	河北	0.075	26		新疆	0.099	15
	海南	0.067	29		甘肃	0.067	28
	广东	0.102	14		云南	0.079	25
	天津	0.043	30		内蒙古	0.088	21
中部	湖南	0.139	2		四川	0.118	7
	湖北	0.125	5	东北	辽宁	0.109	11
	河南	0.107	13		吉林	0.073	27
	安徽	0.091	19		黑龙江	0.098	16
	江西	0.081	23	由于缺少主要测算数据,因此,西藏、香港、澳门和台湾未参与测算			
	山西	0.092	18				

注:本表根据表1-4整理。

四、社会保障公平度对共享发展水平的影响分析

表1-6中,差距列的值等于社会保障公平度排名减去对应的共享发展指数排名,数值为负表示该省社会保障公平度对其共享发展水平的贡献为正,数值为正表示该省社会保障公平度对其共享发展水平的贡献为负。

从相对序列位次差异情况看,山东、浙江、江苏、上海、福建、河北、海南、广东、天津、江西、广西、新疆、内蒙古和吉林13个省(区、市)社会保障公平度对区域共享发展水平的贡献为负。这13个省(区、市)中,东部地区较多,占9个;中部地区占1个;西部地区占3个。具体而言,贵州、四川贡献度最大,表明这个省的社会保障公平度对其共享发展指数排名的贡献作用最明显。湖南、湖北、河南、安徽、山西、贵州、重庆、陕西、青海、甘肃、云南、四川、辽宁和黑龙江14个省(区、市)社会保障公平度对区域共享发展水平排名的贡献为正。在以上这14个省(区、市)中,西部地区最多,占7个;东北地区2个;中部地区5个。具体而言,天津差距最大,表明这两个地区社会保障

表1-6 分区域省际共享发展指数与社会保障公平度排名差异比较

区域	地区	共享发展指数排名	社会保障公平度排名	排名变化	区域	地区	共享发展指数排名	社会保障公平度排名	排名变化
东部	北京	1	1	0	西部	贵州	28	10	-18
	山东	6	8	2		重庆	14	9	-5
	浙江	4	6	2		宁夏	18	17	-1
	江苏	3	12	9		陕西	21	4	-17
	上海	2	3	1		青海	23	20	-3
	福建	7	22	15		广西	19	24	5
	河北	13	26	13		新疆	5	15	10
	海南	12	29	17		甘肃	30	28	-2
	广东	8	14	6		云南	29	25	-4
	天津	9	30	21		内蒙古	10	21	11
中部	湖南	16	2	-14		四川	25	7	-18
	湖北	11	5	-6	东北	辽宁	15	11	-4
	河南	26	13	-13		吉林	27	27	0
	安徽	22	19	-3		黑龙江	20	16	-4
	江西	17	23	6	由于缺少主要测算数据，西藏、香港、澳门和台湾未参与测算				
	山西	24	18	-6					

公平度水平对其共享发展指数排名的负拉动作用最明显。

各地区的具体情况分析如下：在东部地区，除北京无变化外，其他9个省（市）的社会保障公平度排名均落后于共享发展指数排名，且有4个省（市）甚至落后10名及以上，表明东部地区整体的社会保障公平度水平较弱，制约了共享发展总指数的提升。在中部地区，除江西省外，其他省的社会保障公平度排名均高于共享发展指数排名。西部地区7个省（区、市）的社会保障公平度排名均高于共享发展指数排名，表明西部地区大多数省（区、市）的社会保障公平度较高，利于共享发展总指数的提升。东北地区的辽宁和黑龙江省的社会保障公平度排名略高于其共享发展指数排名，表明东北地区的社会保障公平度拉动作用有限。

第三节 省际公共服务均等化测算及分析

公共服务均等化是共享发展指数的三大一级指标之一，对其进行科学的测算与分析，旨在客观反映各地区公共服务对共享发展的贡献度。本节以公共服务均等化的测算结果为基础，从地区比较的视角，分别从基础设施、科技、教育和文替等四个方面分析我国30个省（区、市）的公共服务均等化，探讨公共服务均等化与地区共享发展的关系。

一、省际公共服务均等化指数测算结果

根据"中国省际共享发展指数指标体系"中公共服务均等化的测度指标体系和权重标准，我国30个省（区、市）公共服务均等化指数及四项分指数的测算结果及排名如下（见表1-7）。

表1-7　　中国30个省（区、市）公共服务均等化指数及排名

省份	公共服务均等化		二级指标							
			基础设施		科技		教育		文体	
	指标值	排名	指标值	排名	指标值	排名	指标值	排名	指标值	排名
北京	0.221	1	0.098	6	0.037	2	0.055	1	0.031	2
上海	0.195	2	0.100	4	0.040	1	0.041	3	0.014	3
天津	0.176	3	0.106	2	0.021	3	0.038	4	0.010	5
新疆	0.172	4	0.077	14	0.003	12	0.052	2	0.040	1
浙江	0.158	5	0.120	1	0.012	5	0.019	14	0.007	9
江苏	0.138	6	0.098	5	0.012	6	0.023	8	0.005	11
广东	0.134	7	0.089	7	0.018	4	0.023	7	0.004	13
山东	0.124	8	0.105	3	0.002	17	0.016	19	0.001	26
内蒙古	0.116	9	0.082	9	0.001	21	0.024	5	0.010	6
福建	0.108	10	0.086	8	0.003	10	0.014	20	0.004	12
海南	0.108	11	0.079	11	0.002	15	0.019	13	0.007	8
辽宁	0.107	12	0.079	12	0.001	20	0.023	6	0.003	16
山西	0.103	13	0.078	13	0.000	29	0.021	9	0.004	15
湖北	0.098	14	0.071	16	0.007	8	0.018	15	0.004	20
河北	0.096	15	0.081	10	0.000	28	0.014	21	0.001	29
宁夏	0.095	16	0.057	21	0.005	9	0.021	10	0.012	4
安徽	0.094	17	0.072	15	0.010	7	0.011	25	0.001	27
重庆	0.086	18	0.065	18	0.002	16	0.017	18	0.002	22
江西	0.080	19	0.062	20	0.003	14	0.014	22	0.002	23

续表

省份	公共服务均等化		二级指标							
			基础设施		科技		教育		文体	
	指标值	排名	指标值	排名	指标值	排名	指标值	排名	指标值	排名
广西	0.077	20	0.062	19	0.000	30	0.014	23	0.002	24
陕西	0.076	21	0.046	25	0.002	18	0.019	12	0.009	7
湖南	0.072	22	0.050	23	0.000	24	0.018	16	0.004	14
黑龙江	0.072	23	0.052	22	0.001	23	0.018	17	0.001	25
青海	0.071	24	0.067	17	0.003	13	0.000	30	0.001	28
吉林	0.069	25	0.040	26	0.002	19	0.020	11	0.006	10
甘肃	0.061	26	0.049	24	0.000	26	0.009	26	0.002	19
贵州	0.047	27	0.033	28	0.003	11	0.007	28	0.003	17
云南	0.045	28	0.035	27	0.000	27	0.007	29	0.002	21
四川	0.041	29	0.029	29	0.001	22	0.009	27	0.003	18
河南	0.034	30	0.021	30	0.000	25	0.013	24	0.000	30

注：1. 本表根据"省际共享发展指数指标体系"中公共服务均等化的指标体系，依各指标2017年数据测算而得。2. 本表各省（区、市）按照公共服务均等化的指数值从大到小排序。3. 本表一级指标"公共服务均等化"指数值等于"基础设施指标""科技指标""教育指标""文体指标"四个二级指标指数值之和。4. 以上数据及排名根据《中国统计年鉴2018》《中国环境统计年鉴2018》《中国环境统计年报2018》《中国城市统计年鉴2018》《中国水利统计年鉴2018》《中国工业统计年鉴2018》《中国沙漠及其治理》等测算。5. 为了便于后文进行比较分析，基于算术平均方法，我们测算得到30个测评省（区、市）的公共服务均等化指数的平均水平为0.102，基础设施指标的平均水平为0.07，科技指标的平均水平为0.006，教育指标的平均水平为0.02，文体指标的平均水平为0.006。

公共服务均等化指数值排在前10位的省（区、市）依次是：北京、上海、天津、新疆、浙江、江苏、广东、山东、内蒙古和福建（排序见图1-5）。其中，基础设施指标指数值排名前10位的省（区、市）依次是：浙江、天津、山东、上海、江苏、北京、广东、福建、内蒙古和河北；科技指标指数值排名前10位的省（区、市）依次是：山东、天津、上海、福建、北京、广东、重庆、安徽、青海和海南；教育指标指数值排名前10位的省（区、市）依次是：天津、北京、上海、福建、海南、陕西、安徽、重庆、江西和内蒙古；文体指标指数值排名前10位的省（区、市）依次是：海南、北京、上海、湖南、福建、内蒙古、山西、河南、陕西和四川。

公共服务均等化的地区差异依旧明显。从东、中、西和东北四大经济区的角度看，发展较好地区相对集中在东部沿海地区以及西部的新疆、山西和内蒙古；东北地区黑龙江和吉林相对较弱；中部和西部依旧相对复杂，表明这两个区域内部省际间的差异较大。

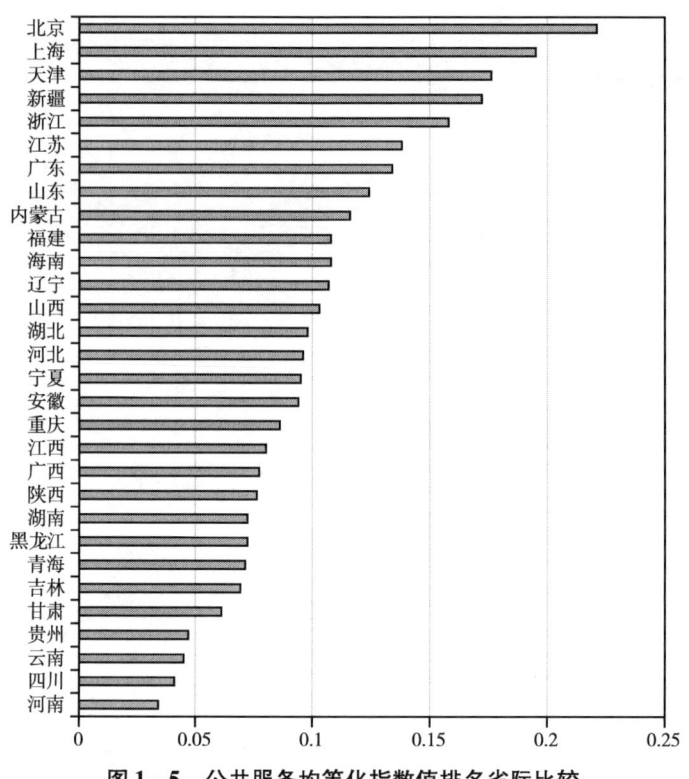

图1-5 公共服务均等化指数值排名省际比较

注：本图根据表1-7制作，指数值由高到低排列。

二、公共服务均等化区域间差异分析

从公共服务均等化的区域分布来看，公共服务均等化总体呈现东部最好、中部、东北部和西部地区偏低的局面。从图1-6中可以看出，东部地区公共服务均等化指数平均值最高超过0.14；中部、西部和东北部地区差距不大均在0.08左右。从排名看，公共服务均等化指数值全国排名前10位的省（区、市）中有8个来自东部地区，2个来自西部地区；进入排名前15位的省（区、市）中，有10个来自东部地区，2个来自西部地区，2个来自中部地区，1个来自东北地区。

具体来看，东部总体水平明显高于其他地区。东部10省（市）中，有8个排在全国中上游，没有位于后10名的省（市）。西部11省（区、市）中，新疆和内蒙古分别以第4和9位居全国前十；四川、云南和青海等6个省（区、市）排在第20位之后。中部总体水平略高于西部地区，但中部地区没有位于前10位。东北地区均位于全国后10位，其中，辽宁、黑龙江、吉林分列第12、22、26位。

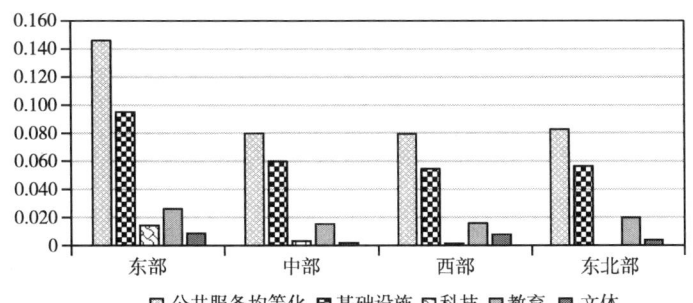

图1-6 中国四大区域公共服务均等化对照

注：图中数据为四大区域中各省（区、市）指数值的算术平均值。

就公共服务均等化的四个分指标而言，区域间的差异也非常显著。其中，基础设施指数的区域间差异最大，东部地区明显高于全国平均水平及其他三个地区。教育指数的区域间差异较大，东部地区高于全国平均水平，其他三个地区科技指数值相近，且低于全国平均水平。就科技指标而言，东部最高，高于全国平均水平；东北部、中部和西部差异微小，均低于全国平均水平。就文体指标而言，东部最高，三个地区差异较小。总体来看，东部地区的公共服务均等化具有较强的优势，而其他三个地区在该项指标上则相对逊色。

三、公共服务均等化区域内情况分析

从四大区域内各省（区、市）的情况看（见表1-8），西部地区公共服务均等化省际间差异性明显，既存在排名全国前列的新疆（第4位）、内蒙古（第9位），又存在排名靠后的云南（第29位）和四川（第28位），排名最靠前的新疆和排名最靠后的云南相差0.17；西部11个省（区、市）中，公共服务均等化高于所有参评省（区、市）平均值0.089的有2个，位于排名前10位的有2个，排在第11~20位的有3个，排在第21~30位的有6个。

东部地区10省（市）的公共服务均等化排名总体靠前，指数值除河北和福建外均高于所有参评省（市）的平均值；其中，有7个省（市）排名在前10位；排名第1位的北京和排名最靠后的福建极差为0.235。中部地区各省份公共服务均等化总体排名相对居中，除湖北和山西省外，其余4省差异较小，排名最靠前的安徽和排名最靠后的河南极差为0.131。东北地区的辽宁、黑龙江和吉林公共服务均等化排名分别位于第12、23、25位，排名最靠前的辽宁和排名最靠后的黑龙江极差为0.038。

表 1-8　　　　　　公共服务均等化指数四大区域内部差异

区域	地区	指数值	排名	区域	地区	指数值	排名
东部	北京	0.221	1	西部	贵州	0.047	27
东部	山东	0.124	8	西部	重庆	0.086	18
东部	浙江	0.158	5	西部	宁夏	0.095	16
东部	江苏	0.138	6	西部	陕西	0.076	21
东部	上海	0.195	2	西部	青海	0.071	24
东部	福建	0.108	10	西部	广西	0.077	20
东部	河北	0.096	15	西部	新疆	0.172	4
东部	海南	0.108	11	西部	甘肃	0.061	26
东部	广东	0.134	7	西部	云南	0.045	28
东部	天津	0.176	3	西部	内蒙古	0.116	9
中部	湖南	0.072	22	东北	四川	0.041	29
中部	湖北	0.098	14	东北	辽宁	0.107	12
中部	河南	0.034	30	东北	吉林	0.069	25
中部	安徽	0.094	17	东北	黑龙江	0.072	23
中部	江西	0.080	19	由于缺少主要测算数据，因此，西藏、香港、澳门和台湾未参与测算			
中部	山西	0.103	13				

注：本表根据表 1-7 整理。

四、公共服务均等化对共享发展水平的影响分析

公共服务均等化是共享发展指数的五大一级指标之一，公共服务均等化差异直接影响着共享发展水平的排序。

从测算结果可以发现，多数地区公共服务均等化指数排序与共享发展指数排序存在差异（表 1-9），但差异较小，除山西外名次差异均在 10 名以内。东部地区中北京和上海位次没有变化，海南、广东和天津的公共服务均等化排名均高于共享发展指数，其余 5 个省公共服务均等化排名落后于于共享发展指数。中部地区除安徽和山西公共服务均等化排名均低于共享发展指数外。西部地区中，陕西位次没有变化，贵州、宁夏、新疆、甘肃、云南和内蒙古的公共服务均等化排名均高于共享发展指数。东北部地区内部差异较小，除黑龙江外其余两省的公共服务均等化排名均高于共享发展指数。

表 1-9　省际共享发展指数与公共服务均等化指数排名差异分析

区域	地区	共享发展指数排名	公共服务均等化排名	排名变化	区域	地区	共享发展指数排名	公共服务均等化排名	排名变化
东部	北京	1	1	0	西部	贵州	28	27	-1
	山东	6	8	2		重庆	14	18	4
	浙江	4	5	1		宁夏	18	16	-2
	江苏	3	6	3		陕西	21	21	0
	上海	2	2	0		青海	23	24	1
	福建	7	10	3		广西	19	20	1
	河北	13	15	2		新疆	5	4	-1
	海南	12	11	-1		甘肃	30	26	-4
	广东	8	7	-1		云南	29	28	-1
	天津	9	3	-6		内蒙古	10	9	-1
中部	湖南	16	22	6		四川	25	29	4
	湖北	11	14	3	东北	辽宁	15	12	-3
	河南	26	30	4		吉林	27	25	-2
	安徽	22	17	-5		黑龙江	20	23	3
	江西	17	19	2	由于缺少主要测算数据，西藏、香港、澳门和台湾未参与测算				
	山西	24	13	-11					

第四节　省际减贫脱贫实现度测算及分析

作为共享发展指数的重要内涵之一，减贫脱贫实现度是对一个地区经济发展过程中脱贫程度的综合评价。本节根据"中国省际共享发展指数指标体系"中减贫脱贫实现度的测度标准，利用2017年的年度数据，从脱贫减贫指标角度分别对中国30个省（区、市）的减贫脱贫实现度指数进行了测度及分析。

一、省际减贫脱贫实现度指数测算结果

根据"中国省际共享发展指数指标体系"中减贫脱贫实现度的测度体系和权重标准，我国30个省（区、市）减贫脱贫实现度指数及排名如表1-10所示。

表1-10 中国30个省（区、市）减贫脱贫实现度指数及排名

省份	减贫脱贫实现度		二级指标	
			减贫脱贫	
	指标值	排名	指标值	排名
江苏	0.155	1	0.155	1
福建	0.137	2	0.137	2
山东	0.130	3	0.130	3
浙江	0.127	4	0.127	4
广东	0.122	5	0.122	5
北京	0.122	6	0.122	6
上海	0.119	7	0.119	7
海南	0.115	8	0.115	8
天津	0.112	9	0.112	9
江西	0.103	10	0.103	10
河北	0.100	11	0.100	11
四川	0.097	12	0.097	12
广西	0.096	13	0.096	13
湖北	0.094	14	0.094	14
河南	0.094	15	0.094	15
重庆	0.089	16	0.089	16
黑龙江	0.089	17	0.089	17
安徽	0.081	18	0.081	18
辽宁	0.077	19	0.077	19
湖南	0.076	20	0.076	20
内蒙古	0.074	21	0.074	21
吉林	0.067	22	0.067	22
山西	0.060	23	0.060	23
宁夏	0.060	24	0.060	24
新疆	0.059	25	0.059	25
云南	0.058	26	0.058	26
陕西	0.055	27	0.055	27
甘肃	0.053	28	0.053	28
贵州	0.052	29	0.052	29
青海	0.036	30	0.036	30

注：1. 本表根据"中国省际共享发展指数指标体系"中减贫脱贫实现度的指标体系，依各指标2017年数据测算而得。2. 本表各省（区、市）按照减贫脱贫实现度的指数值从大到小排序。3. 本表一级指标减贫脱贫实现度指数等于一个二级指标指数值。4. 为了便于后文进行比较分析，基于算术平均方法，我们测算得到30个参评省（区、市）的减贫脱贫实现度的平均水平为0.09。

从表1-10中可以看到，减贫脱贫实现度指数排名前10位的省（市）依次是：江苏、福建、山东、浙江、广东、北京、上海、海南、天津和江西（排序见图1-7）。此减贫脱贫实现度指标由一个二级指标构成，即减贫脱贫指标。

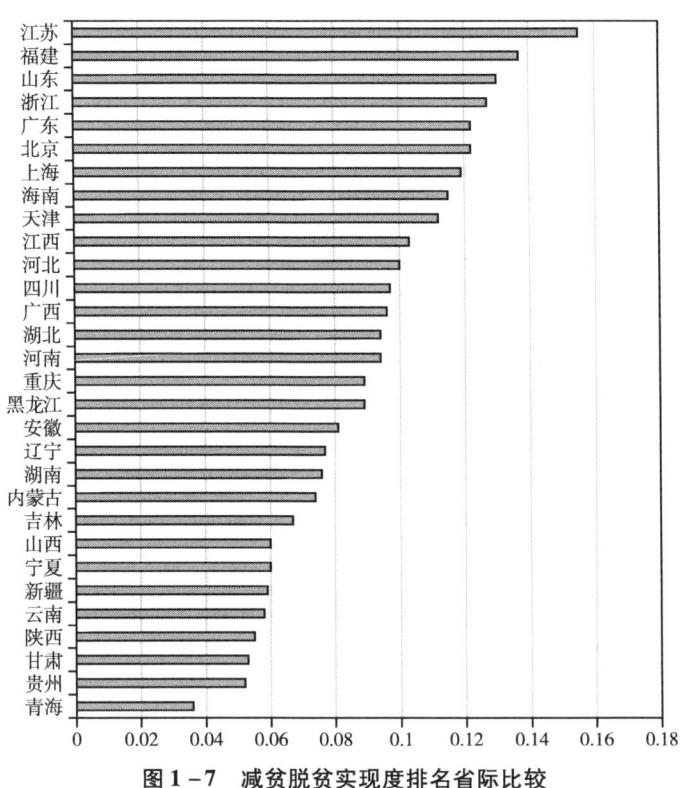

图1-7 减贫脱贫实现度排名省际比较

注：本图根据表1-10制作。指数值由高到低排列。

二、减贫脱贫实现度区域间差异分析

从减贫脱贫实现度的区域分布来看，减贫脱贫实现度总体呈现东部较好、中部和东北部居中，西部偏低的局面（图1-8）。在东部地区的10个省（市）中，排在前10位的有9个，河北排在第11位。其中，江苏以0.155的高分居全国第1位。

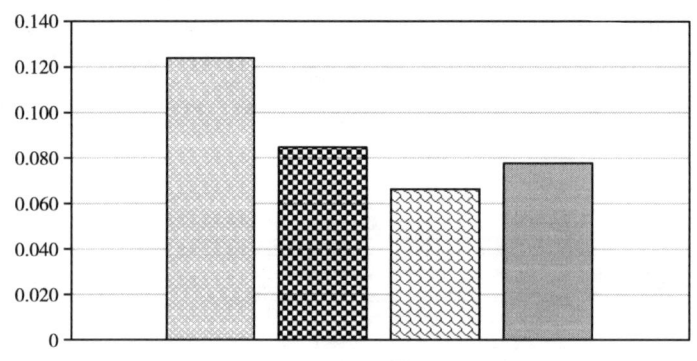

图1-8 中国四大区域减贫脱贫实现度对照

注：上图中数据为四大区域中各省（区、市）指标值的算术平均值。

三、减贫脱贫实现度区域内情况分析

从四大区域内各省（区、市）的情况看，区域内部减贫脱贫实现度情况较为相似，区域间存在不同程度的差异。东部10个省（市）中减贫脱贫实现度均全部高于全国平均水平0.09，分列全国1~9位和第11位。中部6省中一半省份的减贫脱贫实现度均低于全国平均水平，6省的指数值介于0.06和0.103之间，指数值最高的江西省高于最低的山西省0.043。西部11个省（区、市）中，除广西和四川外，其余9省的减贫脱贫实现度均低于全国平均水平，其中青海省指数值最低，为0.036，排名最高最低省（区、市）的极差为0.061，区域内部差异最大。东北三省均低于全国平均水平。具体情况如表1-11所示。

四、减贫脱贫实现度对共享发展水平的影响分析

对比各地区减贫脱贫实现度指数排序与共享发展指数排序后发现，30个参评省（区、市）名次变动在10名及其以外的省（区、市）有4个，是参评省（区、市）数量的2/15，分别是江西、新疆、内蒙古和四川；名次变动在5~10名及以内的省（区、市）有10个，占总参评省（区、市）的1/3；名次变动在5名以内的省（区、市）有16个，占总参评省（区、市）的8/15（见表1-12）。

表 1-11 减贫脱贫实现度四大区域内部差异分析

区域	地区	指数值	排名	区域	地区	指数值	排名
东部	北京	0.122	6	西部	贵州	0.052	29
	山东	0.13	3		重庆	0.089	16
	浙江	0.127	4		宁夏	0.06	24
	江苏	0.155	1		陕西	0.055	27
	上海	0.119	7		青海	0.036	30
	福建	0.137	2		广西	0.096	13
	河北	0.1	11		新疆	0.059	25
	海南	0.115	8		甘肃	0.053	28
	广东	0.122	5		云南	0.058	26
	天津	0.112	9		内蒙古	0.074	21
中部	湖南	0.076	20	东北	四川	0.097	12
	湖北	0.094	14		辽宁	0.077	19
	河南	0.094	15		吉林	0.067	22
	安徽	0.081	18		黑龙江	0.089	17
	江西	0.103	10	由于缺少主要测算数据，因此，西藏、香港、澳门和台湾未参与测算			
	山西	0.06	23				

注：本表根据表 1-10 整理。

减贫脱贫实现度是共享发展指数的重要组成部分。从表 1-12 中可以发现，西部 11 个省（区、市）中除了四川、云南、广西和甘肃外其余 7 个省（区、市）的减贫脱贫实现度排名都落后于其共享发展指数排名，其中新疆和内蒙古的减贫脱贫实现度排名落后于其共享发展指数排名较大，落后分别为 20 和 11 位；东部 10 个省（市）中，浙江和天津没有变化，北京、湖南、上海 3 个省（市）的减贫脱贫实现度排名略落后于共享发展指数排名，幅度较小，山东、海南、广东、河北、福建 5 个省的减贫脱贫实现度排名领先于其共享发展指数排名，其中福建省的减贫脱贫实现度排名领先于其共享发展指数排名 8 名；中部六省，湖北、湖南减贫脱贫实现度落后于其共享发展指数，分别落后于 3 和 4 位，其余 4 省的减贫脱贫实现度排名都领先于其共享发展指数排名；东北三省中，除了辽宁外，其余两省的减贫脱贫实现度排名都领先于其共享发展指数排名。这在一定程度上显示了一个地区的减贫脱贫实现度发展好坏将会对该地区整体的共享发展水平产生较大的影响。一般说来经济越发达地区，其减贫脱贫实现度相对较高，它对共享发展指数水平的贡献也相对较大；反之，经济越落后地区，其减贫脱贫实现度相对较低，它对共享发展指数水平的贡献也相对较小，甚至拖了共享发展指数的后腿。总而言之，提升减贫脱贫实现度将有助于区域的共享发展。

表1-12　省际共享发展指数与减贫脱贫实现度排名差异比较

区域	地区	共享发展指数排名	减贫脱贫实现度排名	排名变化	区域	地区	共享发展指数排名	减贫脱贫实现度排名	排名变化
东部	北京	1	6	5	西部	贵州	28	29	1
	山东	6	3	-3		重庆	14	16	2
	浙江	4	4	0		宁夏	18	24	6
	江苏	3	1	-2		陕西	21	27	6
	上海	2	7	5		青海	23	30	7
	福建	7	2	-5		广西	19	13	-6
	河北	13	11	-2		新疆	5	25	20
	海南	12	8	-4		甘肃	30	28	-2
	广东	8	5	-3		云南	29	26	-3
	天津	9	9	0		内蒙古	10	21	11
中部	湖南	16	20	4		四川	25	12	-13
	湖北	11	14	3	东北	辽宁	15	19	4
	河南	26	15	-11		吉林	27	22	-5
	安徽	22	18	-4		黑龙江	20	17	-3
	江西	17	10	-7	由于缺少主要测算数据，西藏、香港、澳门和台湾未参与测算				
	山西	24	23	-1					

第五节　省际生态环境共享度测算及分析

生态环境共享度衡量的是一个地区资源、环境的共享程度，是共享发展指数的重要内涵之一。本节从区域比较的视角，采用"中国省际共享发展指数评价体系"，测算了中国30个省（区、市）的生态环境共享度，详细阐述这些地区生态环境共享度的基本格局和特点，并具体比较这些地区在资源和环境方面的差异。

一、省际生态环境共享度指数测算结果

根据"中国省际共享发展指数评价体系"中生态环境共享度的评价体系和权重标准，中国30个省（区、市）的生态环境共享度的测算结果见表1-13。

表1-13　中国30个省（区、市）生态环境共享度指数及排名

省份	生态环境共享度		二级指标			
			资源		环境	
	指标值	排名	指标值	排名	指标值	排名
内蒙古	0.122	1	0.065	2	0.058	5
青海	0.114	2	0.048	3	0.066	2
新疆	0.110	3	0.095	1	0.015	29
北京	0.081	4	0.001	28	0.080	1
海南	0.080	5	0.029	6	0.051	9
福建	0.080	6	0.028	8	0.052	7
云南	0.079	7	0.035	5	0.044	19
重庆	0.072	8	0.014	18	0.058	4
广西	0.072	9	0.029	7	0.043	20
河北	0.071	10	0.007	24	0.064	3
湖南	0.070	11	0.019	13	0.051	10
江西	0.069	12	0.027	9	0.042	22
贵州	0.069	13	0.023	11	0.046	17
宁夏	0.069	14	0.018	14	0.051	11
陕西	0.065	15	0.015	17	0.051	12
黑龙江	0.065	16	0.043	4	0.022	28
吉林	0.064	17	0.027	10	0.038	25
四川	0.064	18	0.021	12	0.043	21
安徽	0.062	19	0.014	19	0.048	15
山西	0.061	20	0.011	23	0.050	13
浙江	0.060	21	0.013	20	0.047	16
江苏	0.059	22	0.006	25	0.052	6
湖北	0.058	23	0.017	15	0.041	24
山东	0.056	24	0.005	27	0.051	8
河南	0.055	25	0.006	26	0.049	14
广东	0.052	26	0.011	22	0.041	23
辽宁	0.045	27	0.012	21	0.033	27
上海	0.044	28	0.001	30	0.044	18
天津	0.035	29	0.001	29	0.033	26
甘肃	0.029	30	0.015	16	0.014	30

注：1. 本表根据"省际共享发展指数指标体系"中生态环境共享度的指标体系，依各指标2017年数据测算而得。2. 本表各省（区、市）按照生态环境共享度指数值从大到小排序。3. 本表一级指标"生态环境共享度"指数值等于"资源指标""环境指标"两个二级指标指数值之和。4. 为了便于后文进行比较分析，基于算术平均方法，我们测算得到30个测评省（区、市）的生态环境共享度的平均水平为0.068，资源指标的平均水平为0.022，环境指标的平均水平为0.046。

从表 1-13 可以看到，排在生态环境共享度前 10 位的省（区、市）依次是：内蒙古、青海、新疆、北京、海南、福建、云南、重庆、广西和河北。资源指标排名前 10 位的省（区、市）依次是：新疆、内蒙古、青海、黑龙江、云南、海南、广西、福建、江西和吉林。环境指标排名前 10 位的省（区、市）依次是：北京、青海、河北、内蒙古、重庆、福建、江苏、海南和湖南。

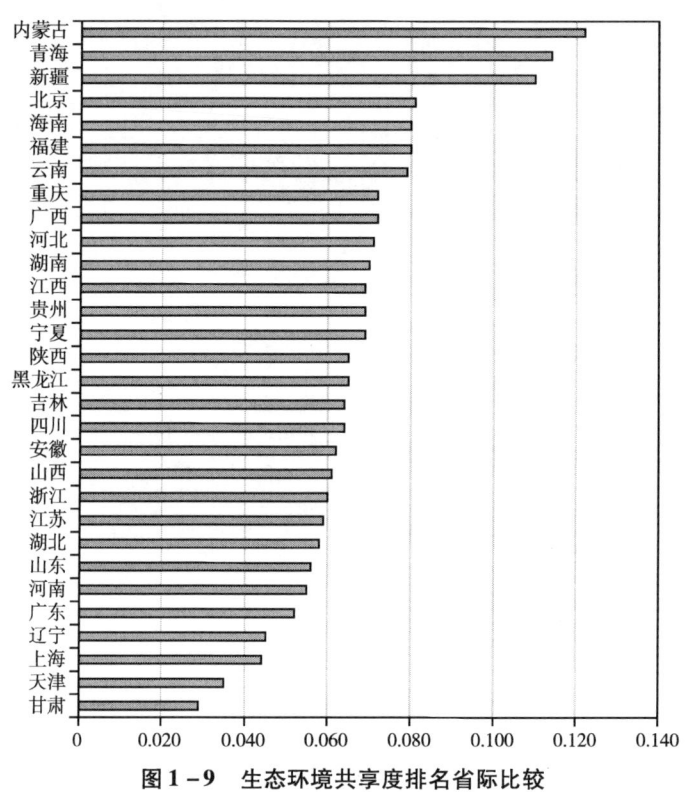

图 1-9　生态环境共享度排名省际比较

注：本图根据表 1-13 制作，指数值由高到低排列。

根据表 1-13 中各地区的生态环境共享度的指数值可绘制出图 1-9。其中，横轴为生态环境共享度指数值，0.068 为 30 个省（区、市）生态环境共享度的平均水平。生态环境共享度指数值用绿色条框表示，生态环境共享度指数值越高，其绿色条框就越长，生态环境共享度指数值越低，其条框就越短。

各省（区、市）生态环境共享度从地理区域来看，发展较好的省（区、市）有新疆、青海、内蒙古，发展较弱的省（区、市）是甘肃、上海、天津和辽宁。

二、生态环境共享度区域间差异分析

从东部、中部、西部、东北地区四大区域看，生态环境共享度的区域差异也比较明显。如图 1-10 所示，西部生态环境共享度明显好于其他三个地区，其次是中部和东部地区，东北部的生态环境共享度则相对较弱。分析两个二级指标可以发现，生态环境共享度的区域间差异主要来自于资源方面，西部和东北部具有明显的优势，中部和东部地区相对较弱；同时，东部环境与气候变化方面略有优势。

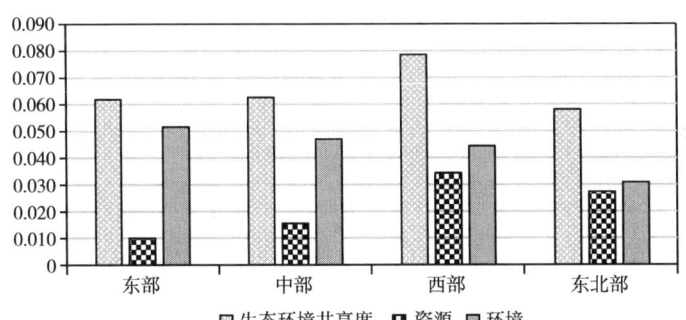

图 1-10 中国四大区域生态环境共享度对照

注：图中数据为四大区域中各省（区、市）指标值的算术平均值。

从四大区域内各省（区、市）的生态环境共享度排名来看，东部地区 10 个省（市）中，排在全国前 10 的有 4 个，分别是海南、北京、福建和河北，其余 6 个省（市）的排名均在 20 位以后。中部地区 6 个省整体排名中下游。湖南和江西排名较靠前，列第 11 和 12 位；山西和安徽处于中下游水平，分别位列第 19、20 位；湖北和河南排名全国后 10 位，分别列第 23 和 25 位。西部地区整体的生态环境共享度指标值明显优于其他地区，11 个省（区、市）中，青海、内蒙古、新疆、重庆、云南和广西 6 个省（区、市）位列全国前 10 位，但甘肃排名为全国倒数第 1。东北三省中，整体生态环境共享度偏中下游，黑龙江、吉林和辽宁排名分别为第 16、17 和 27 位。通过以上对生态环境共享度的分析，可以得出，中国的生态环境共享度存在明显的地域性差异，西部地区具有显著的优势，中部、东北地区则相对较弱。

三、生态环境共享度区域内情况分析

从四大区域内各省（区、市）的情况看，各区域内省际生态环境共享度也存在较大差异。东部10个省（市）的指标值极差为0.046，从排名上看，4个省（市）排名全国上游，6个省（市）排名全国下游，且排名最高的北京（第4位）和排名最低的天津（第29位）名次差距27位。西部地区的生态环境共享度水平差异明显，内蒙古排名第1位，而甘肃排名第30位，两省指标值极差为0.093。其中，青海、内蒙古、宁夏、新疆、广西、云南、重庆和贵州8个省（区、市）指标值高于全国平均水平，其余3个省（区、市）低于全国平均水平。中部6个省差异较小，指标值极差为0.015，排名上普遍处于中后位，山西、安徽、河南和湖北4个省均低于全国平均水平。东北三省在生态环境共享度上的排名处于中下游，3个省（区、市）中，吉林和黑龙江两省排名位列第16、17位，辽宁省则位列第27位，具体情况如表1-14所示。

表1-14　　生态环境共享度四大区域内部差异分析

区域	地区	指数值	排名	区域	地区	指数值	排名
东部	北京	0.081	4	西部	青海	0.114	2
	上海	0.044	28		内蒙古	0.122	1
	天津	0.035	29		新疆	0.110	3
	浙江	0.060	21		宁夏	0.069	14
	海南	0.080	5		陕西	0.065	15
	江苏	0.059	22		甘肃	0.029	30
	福建	0.080	6		贵州	0.069	13
	广东	0.052	26		四川	0.064	18
	山东	0.056	24		广西	0.072	9
	河北	0.071	10		重庆	0.072	8
中部	山西	0.061	20		云南	0.079	7
	湖南	0.070	11	东北	吉林	0.064	17
	江西	0.069	12		辽宁	0.045	27
	湖北	0.058	23		黑龙江	0.065	16
	安徽	0.062	19	由于缺少主要测算数据，因此，西藏、香港、澳门和台湾未参与测算			
	河南	0.055	25				

注：本表根据表1-13整理。

四、生态环境共享度对共享发展水平的影响分析

表1-15中，差距列的值等于生态环境共享度排名减去对应的共享发展指数排名，数值为负表示该省生态环境共享度对其共享发展水平的贡献为正，数值为正表示该省生态环境共享度对其共享发展水平的贡献为负。

表1-15 分区域省际共享发展指数与生态环境共享度排名差异比较

区域	地区	共享发展指数排名	生态环境共享度排名	排名变化	区域	地区	共享发展指数排名	生态环境共享度排名	排名变化
东部	北京	1	4	3	西部	贵州	28	13	-15
	山东	7	24	17		重庆	16	8	-8
	浙江	4	21	17		宁夏	17	14	-3
	江苏	3	22	19		陕西	21	15	-6
	上海	2	28	26		青海	27	2	-25
	福建	10	6	-4		广西	22	9	-13
	河北	14	10	-4		新疆	6	3	-3
	海南	13	5	-8		甘肃	30	30	0
	广东	8	26	18		云南	29	7	-22
	天津	5	29	24		内蒙古	9	1	-8
中部	湖南	15	11	-4		四川	26	18	-8
	湖北	11	23	12	东北	辽宁	12	27	15
	河南	14	25	11		吉林	24	17	-7
	安徽	23	19	-4		黑龙江	18	16	-2
	江西	20	12	-8	由于缺少主要测算数据，西藏、香港、澳门和台湾未参与测算				
	山西	19	20	1					

从相对序列位次差异情况看，福建、河北、山西、海南、湖南、安徽、江西、广西、贵州、陕西、青海、内蒙古、重庆、宁夏、四川、新疆、云南、黑龙江和吉林18个省（区、市）资源环境承载力对区域共享发展水平的贡献为正。这18个省（区、市）中，西部地区较多，占10个；中部地区占3个；东北2个；东部地区有3个。具体而言，云南和青海差距最大，表明这两个省份生态环境共享度对其共享发展指数排名的贡献作用最明显。北京、上海、江苏、浙江、天津、山东、广东、湖北、湖南和辽宁10个省（市）生态环境共享度对区域共享发展水平排名的贡献为负，甘肃的生态环境共享度对共享发展发展水平排名的

— 51 —

贡献为零。在以上这10个省（市）中，东部地区最多，占7个；中部地区占2个；东北地区1个。具体而言，天津、上海、差距最大，表明这两个地区生态环境共享度水平对其共享发展指数排名的负拉动作用最明显。

各地区的具体情况分析如下：在东部地区，除海南省、福建省和河北省外，其他7个省（市）的生态环境共享度排名均落后于共享发展指数排名，且有6个省（市）甚至落后10名及以上，表明东部地区整体的生态环境共享度水平较弱，制约了共享发展总指数的提升。在中部地区，湖南、安徽和江西3个省的生态环境共享度排名高于共享发展指数排名，其余3省生态环境共享度排名均低于共享发展指数排名表明中部地区大多数省的生态环境共享度制约了共享发展指数。西部地区11个省（区、市）有10个的生态环境共享度排名高于其共享发展指数排名，且有4个省（区、市）高于（或等于）10名以上，表明西部地区的生态环境共享度对共享发展指数的拉动作用十分明显。东北地区的黑龙江和吉林两个省的生态环境共享度排名高于其共享发展指数排名，但辽宁省生态环境共享度排名落后于其共享发展指数15个位次，表明东北地区的生态环境共享度拉动作用差异较大。

第二章

中国城乡共享发展指数比较

本章根据"共享发展指数测算结果（城乡维度）"中共享发展指数（城乡）及其一级、二级指标的测度标准，利用2016的年度数据，从经济发展分享度、社会保障公平度、公共服务协调度、减贫脱贫实现度和生态环境共享度五个角度分别对我国大陆地区除西藏自治区外30个省（区、市）的共享发展指数进行了测度及分析，并与2017年测算结果（利用2015年的年度数据）进行比较分析，据此提出推进城乡共享发展的相关对策建议。

第一节 城乡经济发展分享度测算及分析

本节对我国30个省（区、市）的城乡经济发展分享度进行了测度和分析，并分区域对比分析东部、中部、西部和东北地区四大区域的城乡经济发展分享度的差异。

一、城乡经济发展分享度测算及分析

本章根据"城乡共享发展指数指标体系"中城乡经济发展分享度的测量标准，利用2016年的年度数据，从收入与支出和就业角度分别对我国30个省（区、市）的城乡经济发展分享度指数进行测度，并与2017年测算结果进行比较分析，随后从区域比较的视角，阐释我国不同地区的城乡经济发展分享度的差异。

根据表2-1的指标体系及权重标准，30个参评省（区、市）城乡经济发展分享度指数及排名如表2-2所示。可以发现，城乡经济发展分享度指标的前10名分别是河北、安徽、河南、天津、浙江、四川、江西、黑龙江、湖北、吉林。

表 2-1　　　　城乡经济发展分享度二、三级指标及权重

指标序号	二级指标	三级指标	权重（%）
1	收入与支出	城乡居民家庭人均可支配收入比	6.25
2	收入与支出	城乡家庭人均消费支出比	6.25
3	就业	城乡就业人数之比	6.25

表 2-2　　　　城乡经济发展分享度指标指数及排名

| 指标 | 经济发展分享度 | | | 二级指标 | | | |
| | | | | 收入与支出 | | 就业 | |
城乡	指标值	排名	与上年相比排名变化	指标值	排名	指标值	排名
河北	0.134	1	1	0.075	8	0.059	2
安徽	0.123	2	1	0.073	10	0.050	4
河南	0.120	3	3	0.064	11	0.056	3
天津	0.120	4	-3	0.120	1	0.000	30
浙江	0.114	5	-1	0.111	2	0.003	29
四川	0.106	6	5	0.062	12	0.044	5
江西	0.105	7	0	0.076	7	0.030	9
黑龙江	0.102	8	-1	0.086	5	0.016	23
湖北	0.100	9	-4	0.088	4	0.012	24
吉林	0.097	10	-1	0.078	6	0.019	21
江苏	0.096	11	0	0.089	3	0.007	28
福建	0.094	12	-2	0.074	9	0.020	17
湖南	0.084	13	-2	0.059	13	0.025	14
海南	0.084	14	4	0.059	14	0.025	13
山西	0.081	15	0	0.048	20	0.032	7
重庆	0.079	16	5	0.054	16	0.025	12
广西	0.077	17	-3	0.051	18	0.026	11
内蒙古	0.074	18	1	0.054	15	0.020	18
云南	0.072	19	-2	0.010	28	0.063	1
山东	0.068	20	-4	0.049	19	0.019	19
宁夏	0.067	21	1	0.039	23	0.028	10
上海	0.064	22	-2	0.052	17	0.011	25
北京	0.054	23	4	0.047	21	0.007	27
辽宁	0.052	24	0	0.030	24	0.022	15

续表

指标	经济发展分享度			二级指标			
				收入与支出		就业	
城乡	指标值	排名	与上年相比排名变化	指标值	排名	指标值	排名
陕西	0.049	25	3	0.029	25	0.020	16
广东	0.049	26	0	0.040	22	0.009	26
青海	0.046	27	-4	0.027	26	0.019	22
新疆	0.038	28	2	0.019	27	0.019	20
贵州	0.037	29	-4	0.006	29	0.031	8
甘肃	0.034	30	-1	0.000	30	0.034	6

城乡经济发展分享度二级指标收入与支出排名前10的省（市）依次是：天津、浙江、江苏、湖北、黑龙江、吉林、江西、河北、福建、安徽；就业指标排名前10位的省（区）依次是：云南、河北、河南、安徽、四川、甘肃、山西、贵州、江西、宁夏。从城乡经济发展分享度一级与二级指标对照图（见图2-1）可以看出，除个别地区外，收入与支出和就业这两个二级指标与经济发展分享度指标排名基本一致。其中不一致中最典型的是天津和浙江，其就业指标值非常低，分别排名参评省（区、市）的倒数两位，但其收入与支出指标值却又排名参评省（区、市）的前两位。而四川、云南、甘肃则与之相反，就业指标值较高，人均收入水平却较低。

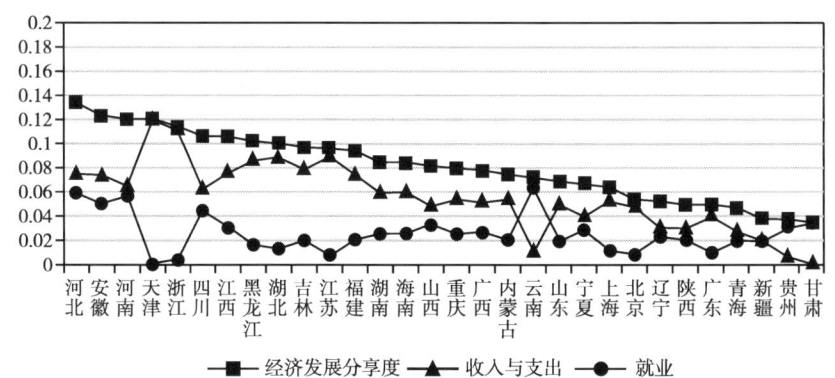

图2-1 城乡经济发展分享度一级与二级指标对照

对比2017年的测算结果可以发现，河北、安徽仍保持较高的经济发展分享度，排名一直位于前三甲。而四川、重庆、海南、北京、河南、陕西等地区的城乡经济发展分享都排名进步较大。其中，重庆、海南、北京、陕西均从去年的倒数上升到中游水平，而河南、四川则分别跻身参评省（区、市）的第3名、第6名。与此同时，也有一些省（区、市）较去年的排名有较大退步，包括湖北、山东、青海和贵州等。其中，青海和山东的就业指标排名较去年相比，均降低了8名，导致其城乡经济发展分享度指数值大幅降低。综合来看，参评省（区、市）的经济发展分享度变化主要源于城乡就业人数比的变化，而收入与支出的三级指标城乡居民家庭人均可支配收入比和城乡家庭人均消费支出比变化幅度不大。

二、城乡经济发展分享度区域差异分析

城乡经济发展分享度区域间的差异非常显著，总体呈现中部较好，东部次之，西部较落后的局面。就城乡经济发展分享度的两个二级指标的区域分布来看，收入与支出指标中，东部、中部和西部相差不大，但是西部明显低于其他三个地区；就业指标中，中部较为领先，西部次之，都处于领先地位，而东北地区和东部较低（见图2-2）。

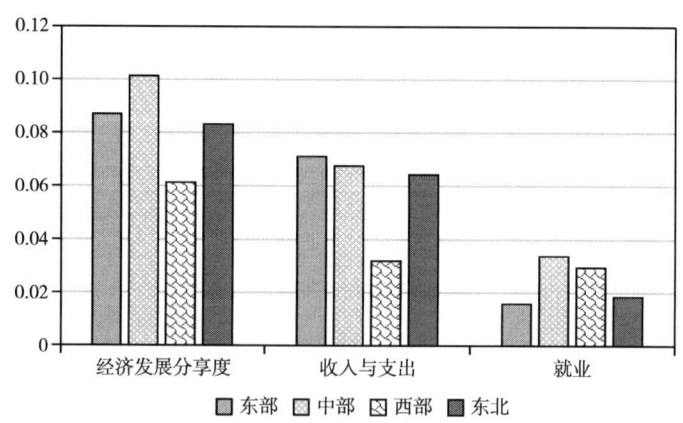

图2-2 中国四大区域城乡经济发展分享度对照

从表2-3中可以看出，在城乡经济发展分享度的四大区域比较中，中部六省分布比较均匀，且排名较为整体靠前，全部位于参评省（区、市）前15位。西部整体落后，除了四川省高居第6位以外，其他参评省（区、市）均在全国中下游水平，尤其是青海、新疆、贵州、甘肃排名靠后，主要是由于经济整体发展程度不高，收入与支出水平较低。对于东部的城乡经济发展分享度来说，各参评

省（市）水平参差不齐，较为优秀的河北省以 0.134 的高指数值位居全国第 1 位，天津、浙江也都在全国前 5，但是广东、北京、上海排名较为落后，位于全国 20 名之后，与西部地区相比，北上广经济整体水平较高，落后主要原因是城乡发展不均等。东北三省的平均水平与东部接近，其中，黑龙江、吉林的城乡经济发展分享度分列全国第 8、10 位，而辽宁以 0.052 的指数值排名第 24 位，拉低了东北城乡经济发展分享度的整体水平。

表 2-3　　　　　　城乡经济发展分享度四大区域差异分析

区域	地区	指数值	排名	区域	地区	指数值	排名
东部	北京	0.054	23	西部	内蒙古	0.074	18
	天津	0.120	4		广西	0.077	17
	河北	0.134	1		重庆	0.079	16
	上海	0.064	22		四川	0.106	6
	江苏	0.096	11		贵州	0.037	29
	浙江	0.114	5		云南	0.072	19
	福建	0.094	12		陕西	0.049	25
	山东	0.068	20		甘肃	0.034	30
	广东	0.049	26		青海	0.046	27
	海南	0.084	14		宁夏	0.067	21
中部	山西	0.081	15		新疆	0.038	28
	安徽	0.123	2	东北	辽宁	0.052	24
	江西	0.105	7		吉林	0.097	10
	河南	0.120	3		黑龙江	0.102	8
	湖北	0.100	9	由于缺少主要测算数据，因此，西藏、香港、澳门和台湾未参与测算			
	湖南	0.084	13				

第二节　城乡社会保障公平度测算及分析

本节采用"中国城乡共享发展指数评价体系"，从养老、健康医疗、住房三个方面测算我国 30 个省（区、市）的城乡社会保障公平度，并与 2017 年测算结果进行比较分析，随后采用区域比较的方法具体阐释不同区域的城乡社会保障公平度差异。

一、城乡社会保障公平度指数测算结果

在中国城乡共享发展指数评价体系中,城乡社会保障公平度占城乡共享发展指数的权重为37.5%,相对于其他四个指标,这一指标所占权重最高,对城乡共享发展指数的贡献最大。从指标构成来看,城乡社会保障公平度指标主要是由表2-4中的5个指标加权组合而成。

表2-4　城乡社会保障公平度二、三级指标及权重

指标序号	二级指标	三级指标	权重(%)
4	养老	基本养老保险参保率城乡之比	6.25
5	养老	养老金支出与达到领取养老金标准的人数比值的城乡比	6.25
6	健康医疗	医疗保险参保率城乡比	6.25
7	健康医疗	医疗保险支出与达到领取医疗保险标准的人数比值的城乡比	6.25
8	住房	人均住房建筑面积城乡比	6.25
9	教育	人均受教育年限城乡比	6.25

根据表2-4的指标体系及权重标准,30个参评省(区、市)的城乡社会保障公平度指数及排名如表2-5所示。从表中可以发现,城乡社会保障公平度指标的前10名的省(区、市)依次分别是安徽、上海、福建、江西、陕西、湖南、山西、江苏、广东、河北。

表2-5　城乡社会保障公平度指标指数及排名

省份	社会保障公平度			养老		健康医疗		住房		教育	
	指标值	排名	与上年相比排名变化	指标值	排名	指标值	排名	指标值	排名	指标值	排名
安徽	0.246	1	1	0.065	1	0.097	1	0.041	11	0.044	12
上海	0.245	2	-1	0.063	2	0.067	6	0.063	1	0.053	6
福建	0.214	3	1	0.044	7	0.071	3	0.057	3	0.042	15
江西	0.203	4	1	0.032	17	0.087	2	0.036	13	0.047	9
陕西	0.197	5	3	0.041	9	0.07	4	0.043	8	0.042	13
湖南	0.194	6	1	0.047	5	0.048	14	0.043	7	0.055	5

续表

省份	社会保障公平度			二级指标								
				养老		健康医疗		住房		教育	
	指标值	排名	与上年相比排名变化	指标值	排名	指标值	排名	指标值	排名	指标值	排名
山西	0.181	7	10	0.038	12	0.055	11	0.025	18	0.062	2
江苏	0.173	8	5	0.037	13	0.04	17	0.046	6	0.049	8
广东	0.171	9	5	0.035	14	0.032	22	0.041	10	0.063	1
河北	0.163	10	0	0.042	8	0.059	8	0.021	21	0.041	17
广西	0.162	11	-5	0.031	18	0.051	13	0.029	15	0.051	7
海南	0.15	12	13	0.026	21	0.052	12	0.012	25	0.059	3
重庆	0.149	13	2	0.031	19	0.033	20	0.059	2	0.027	23
浙江	0.148	14	4	0.026	22	0.016	27	0.051	4	0.056	4
贵州	0.146	15	1	0.049	3	0.069	5	0.01	27	0.019	26
天津	0.141	16	-4	0.034	15	0.01	30	0.05	5	0.047	10
河南	0.14	17	-14	0.039	11	0.037	18	0.024	20	0.04	18
甘肃	0.138	18	1	0.048	4	0.064	7	0.008	28	0.018	27
云南	0.138	19	-8	0.047	6	0.056	10	0.02	22	0.015	29
山东	0.135	20	1	0.04	10	0.033	21	0.025	19	0.037	20
湖北	0.134	21	-12	0.034	16	0.026	23	0.038	12	0.037	21
北京	0.132	22	-2	0.026	24	0.018	26	0.042	9	0.046	11
吉林	0.131	23	3	0.016	28	0.059	9	0.015	23	0.041	16
辽宁	0.125	24	0	0.017	27	0.043	15	0.028	17	0.037	19
四川	0.108	25	4	0.019	25	0.04	16	0.028	16	0.022	24
新疆	0.095	26	2	0.007	30	0.015	28	0.03	14	0.042	14
黑龙江	0.075	27	3	0.012	29	0.035	19	0	30	0.028	22
内蒙古	0.073	28	-5	0.027	20	0.024	24	0.004	29	0.017	28
宁夏	0.071	29	-2	0.017	26	0.023	25	0.01	26	0.02	25
青海	0.051	30	-8	0.026	23	0.013	29	0.013	24	0	30

城乡社会保障公平度二级指标中，养老排名前10位的省（区、市）依次是：安徽、上海、贵州、甘肃、湖南、云南、福建、河北、陕西、山东；二级指标健康医疗排名前10位的省（区、市）依次是：安徽、江西、福建、陕西、贵州、上海、甘肃、河北、吉林、云南；二级指标住房排名前10位的省（区、市）依次是：上海、重庆、福建、浙江、天津、江苏、湖南、陕西、北京、广东；二级

指标教育排名前10位的省（区、市）广东、山西、海南、浙江、湖南、上海、广西、江苏、江西、天津。从城乡社会保障公平度一级与二级指标对照图（见图2-3）可以看出，大多数参评省（区、市）的城乡社会保障公平度二级指标排名比较分散。

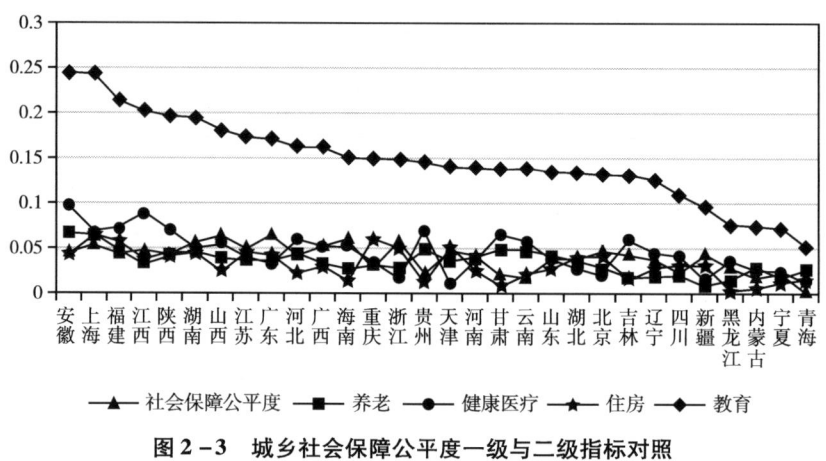

图2-3 城乡社会保障公平度一级与二级指标对照

表2-5还列出了30个参评省（区、市）的城乡社会保障公平度与2017年测算结果相比较的排名进退变化。对比2017年的测算结果可以发现，海南、山西、江苏、广东、浙江、四川的城乡社会保障公平度指标值也都有较大进步。其中，海南省的提升最为显著，海南省加大民生投入力度，抓重点，破难题，办实事，民生短板逐渐补齐，带动其健康医疗、养老、住房、教育四个指标的全面提升，城乡社会保障公平度排名进步了13位。山西省城乡社会保障公平度排名进步了10位，从2017年的中下游水平跃居全国前10位，这主要得益于山西省2018年的住房和教育二级指标值分别提升了0.007、0.011，排名分别提升了4位和1位。此外，湖北和河南的城乡社会保障公平度排名较去年有巨大退步，这主要是因为两省健康医疗位次分别后退了15、16名，河南的住房三级指标人均住房建筑面积城乡比从2017年的0.640扩大到2018年的0.093，位次从全国第2位倒退至第20位，严重拉低了城乡社会保障公平度。

二、城乡社会保障公平度区域差异分析

从城乡社会保障公平度的区域分布来看，城乡社会保障公平度总体呈现中部较好、东部次之、西部居中，东北地区较差的局面。就城乡社会保障公平度的二

级指标而言，除养老指标中东西部相差不大、东北显著落后以外，健康医疗、住房和教育指标的区域间差异也非常显著。健康医疗指标中，中部显著优于西部、东部和东北。住房指标中，东部最优，中部次之，西部落后，东北最差。教育指标中，东部和中部较为接近，处于领先地位，东北次之，西部最为落后。四大区域城乡保障公平度的具体指标见图2-4。

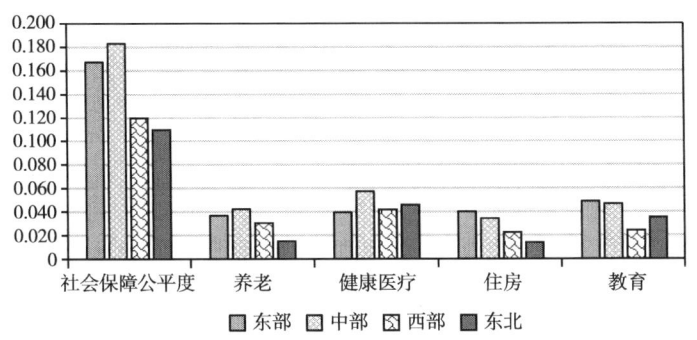

图2-4 中国四大区域城乡社会保障公平度对照

在东部地区的10个省（市）中，城乡社会保障公平度排名在前10位的有3个，分别是上海、福建和江苏。中部地区除了河南、湖北分列全国第17位和第21位，其余四省全部进入参评省（区、市）前10位，其中安徽以0.246的高指数值位居参评省（区、市）第一。西部11个参评省（区、市）的城乡社会保障公平度指数值整体偏低，只有陕西省跃居全国第5位。东北三省的排名分别为第23、24、27位，处于最低水平，三省应加大民生投入力度，重视对城乡社会保障公平度的提升。具体指标见表2-6。

从四大区域内各参评省（区、市）的情况看，东部10个省（区、市）的城乡社会保障公平度差异性显著，指数值最高的上海高于指数值最低的北京0.113分，相差20名。中部六省的社会保障公平度两极分化严重，河南和湖北退步严重，明显落后于全国水平，其他省份的排名非常靠前，分布于1~7名。西部地区的11个参评省（区、市）中，除了陕西、广西、重庆分列全国第5、11、13位以外，其他省（区、市）均排在15位以后，尤其是内蒙古、青海、宁夏，位于全国最后三位，养老、医疗、住房城乡发展均存在较大不均衡。东北三省的城乡社会保障公平度指标值分别为0.125、0.131、0.075，排名较为落后，其中黑龙江最差，主要是其养老指标一直很低，2017年和2018年均位于全国倒数第二位，提升空间较大。

表 2-6　　　　　城乡社会保障公平度四大区域差异分析

区域	地区	指数值	排名	区域	地区	指数值	排名
东部	北京	0.132	22	西部	内蒙古	0.073	28
	天津	0.141	16		广西	0.162	11
	河北	0.163	10		重庆	0.149	13
	上海	0.245	2		四川	0.108	25
	江苏	0.173	8		贵州	0.146	15
	浙江	0.148	14		云南	0.138	19
	福建	0.214	3		陕西	0.197	5
	山东	0.135	20		甘肃	0.138	18
	广东	0.171	9		青海	0.051	30
	海南	0.15	12		宁夏	0.071	29
中部	山西	0.181	7		新疆	0.095	26
	安徽	0.246	1	东北	辽宁	0.125	24
	江西	0.203	4		吉林	0.131	23
	河南	0.14	17		黑龙江	0.075	27
	湖北	0.134	21	由于缺少主要测算数据，因此，西藏、香港、澳门和台湾未参与测算			
	湖南	0.194	6				

第三节　城乡公共服务协调度测算及分析

本节对我国除西藏自治区外 30 个省（区、市）的城乡公共服务协调度进行了测度和分析，并分区域对比分析东部、中部、西部和东北地区四大区域的城乡经济发展分享度的差异，进一步探讨公共服务协调度与地区共享发展的关系。

一、城乡公共服务协调度指数测算结果

本节以公共服务协调度的测算结果为基础，从地区比较的视角，主要从交通和科技两个方面分析我国 30 个省（区、市）城乡间的公共服务协调度程度，并与 2017 年测算结果进行比较分析，在中国城乡共享发展指数评价体系中，交通和科技两个二级指标各占 6.25%（见表 2-7），城乡公共服务协调度占城乡共享发展指数的权重为 12.5%。

表 2-7　城乡公共服务协调度二、三级指标、权重

指标序号	二级指标	三级指标	权重（%）
10	交通	人均公路里程的城乡对比	6.25
11	科技	城乡宽带接入用户之比	6.25

我们将全国 30 个参评省（区、市）进行测算和分析，其城乡经济发展分享度指数及排名如表 2-8 所示。结果发现，城乡公共服务协调度指标的前 10 名分别是上海、北京、黑龙江、新疆、辽宁、广东、山东、福建、海南、河南。

表 2-8　城乡公共服务协调度指标指数及排名

省份	公共服务协调度			二级指标			
				交通		科技	
	指标值	排名	与上年相比排名变化	指标值	排名	指标值	排名
上海	0.125	1	3	0.063	1	0.063	1
北京	0.093	2	20	0.039	2	0.053	22
黑龙江	0.075	3	12	0.022	3	0.053	25
新疆	0.074	4	3	0.016	4	0.057	12
辽宁	0.071	5	8	0.015	5	0.056	18
广东	0.069	6	0	0.014	6	0.056	20
山东	0.068	7	5	0.01	8	0.059	7
福建	0.068	7	-3	0.009	9	0.059	6
海南	0.067	9	-7	0.009	10	0.059	4
河南	0.067	9	1	0.009	10	0.058	10
甘肃	0.065	11	16	0.007	14	0.058	11
贵州	0.064	12	9	0.008	13	0.056	19
内蒙古	0.063	13	5	0.007	16	0.057	15
江苏	0.062	14	-13	0.003	25	0.06	2
浙江	0.062	15	-6	0.006	17	0.057	17
四川	0.062	16	-13	0.003	22	0.059	5
江西	0.061	17	-7	0.003	23	0.058	8
重庆	0.061	18	5	0.006	18	0.055	21

续表

省份	公共服务协调度			二级指标			
				交通		科技	
	指标值	排名	与上年相比排名变化	指标值	排名	指标值	排名
青海	0.061	19	11	0.011	7	0.049	28
陕西	0.06	20	6	0.003	21	0.057	14
山西	0.06	21	-7	0.007	15	0.053	23
河北	0.06	22	-14	0.001	29	0.059	3
湖南	0.059	23	-6	0.003	24	0.057	16
广西	0.059	24	-4	0.002	27	0.057	13
吉林	0.058	25	-6	0.008	12	0.05	27
安徽	0.058	26	-10	0	30	0.058	9
湖北	0.057	27	-2	0.003	20	0.053	24
云南	0.056	28	0	0.004	19	0.052	26
宁夏	0.046	29	0	0.001	28	0.044	29
天津	0.002	30	-6	0.002	26	0	30

从城乡公共服务协调度的具体二级指标分析来看，交通指标排名前10位的省（区、市）分别是上海、北京、黑龙江、新疆、辽宁、广东、青海、山东、福建、河南、海南（并列）；科技指标排名前10位省（区、市）的分别是上海、江苏、河北、海南、四川、福建、山东、江西、安徽、河南、甘肃（并列）。对比2017年的测算结果可以发现（见图2-5），北京、甘肃、黑龙江、青海四省（市）的排名进步非常大。其中，北京市的城乡公共服务协调度进步了20位，从2017年的下游水平跃居2018年的全国第2位，这主要得益于其二级指标交通的大幅提升，北京市加大基础设施投入力度，全面提升农村路网建设覆盖面，对应的人均公路里程的城乡对比的指标值增加了0.037个点，效果显著。甘肃省相比2017年城乡公共服务协调度指标值提升了0.02，排名更是从2017年的全国倒数第4位提升到了2018年的第11位，其交通和科技方面均有较大幅度改善。此外，从城乡公共服务协调度二级指标对照图可以看出，各参评省（区、市）的科技指标值及排名与一级指标比较相似，而交通的排名与一级指标相差较大。

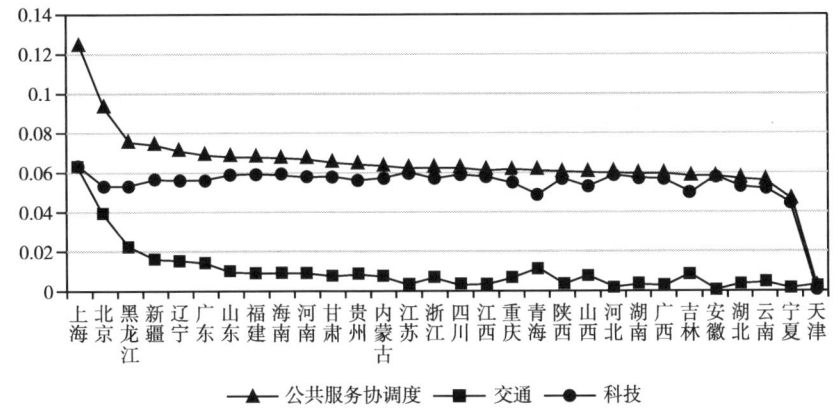

图 2-5 城乡公共服务协调度二级指标对照

二、城乡经济发展分享度区域差异分析

从城乡公共服务协调度的区域分布来看,城乡公共服务均等度总体呈现东部和东部地区较为领先,中部和西部所差不多,相对落后的局面(见图 2-6)。就城乡公共服务协调度的二级指标而言,中部地区的交通指标远远落后与其他地区,可见中部 6 省(区、市)在农村路网建设上还有较大的提升空间,西部地区的交通指标也相对不足;但是在科技方面,东中西部和东北地区相差不多,具体到三级指标即各地区的城乡宽带接入用户之比相差不大。

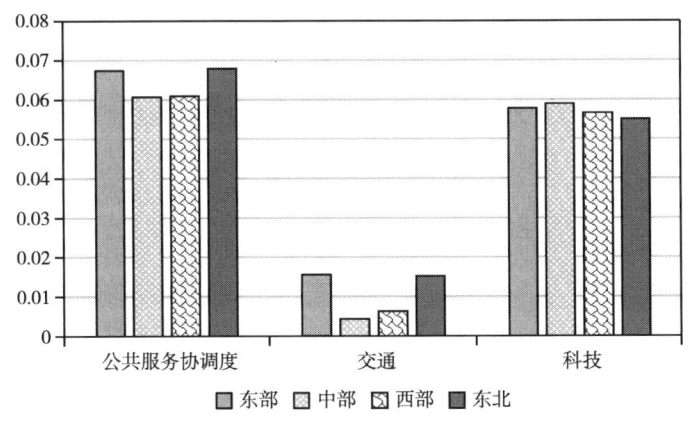

图 2-6 中国四大区域城乡公共服务协调度对照

从四大区域内各省(区、市)的情况看,东部 10 个省(区、市)区域内部

排名呈现两极分化趋势，全国第一名和最后一名均位于东部地区。其中，天津以0.002的低指标值位于全国末位，河北位于全国第22位，除了这两个省（市）以外，其余省份的排名均在前15名，上海以0.125的高指标值排名全国第一。中部地区除了河南位于全国第10位以外，其余各省的指标值都较低，排名相对靠后。西部11个省（区、市）的城乡公共服务均等度分布均靠后。东北地区则分化更为严重，辽宁和黑龙江分别位于全国第3位和第5位，而吉林则远远落后，排名全国第25位，究其原因，主要是其二级指标科技的指标值较低，吉林地区的基础设施和公共服务建设在农村宽带接入覆盖方面需要加强。具体指标见表2-9。

表2-9　城乡公共服务均等度四大区域内部差异分析

区域	地区	指数值	排名	区域	地区	指数值	排名
东部	北京	0.093	2	西部	内蒙古	0.063	13
	天津	0.002	30		广西	0.059	24
	河北	0.060	22		重庆	0.061	18
	上海	0.125	1		四川	0.062	16
	江苏	0.062	14		贵州	0.064	12
	浙江	0.062	15		云南	0.056	28
	福建	0.068	8		陕西	0.06	20
	山东	0.068	7		甘肃	0.065	11
	广东	0.069	6		青海	0.061	19
	海南	0.067	9		宁夏	0.046	29
中部	山西	0.060	21		新疆	0.074	4
	安徽	0.058	26	东北	辽宁	0.071	5
	江西	0.061	17		吉林	0.058	25
	河南	0.067	10		黑龙江	0.075	3
	湖北	0.057	27	由于缺少主要测算数据，因此，西藏、香港、澳门和台湾未参与测算			
	湖南	0.059	23				

第四节　城乡减贫脱贫实现度测算及分析

本节根据"中国城乡共享发展指数指标体系"中减贫脱贫实现度的测度标准，从脱贫减贫指标角度分别对中国30个省（区、市）城乡间的减贫脱贫实现度指数进行了测度及分析。

一、城乡减贫脱贫实现度指数测算结果

在城乡减贫脱贫实现度指数测度体系中,城乡减贫脱贫实现度占城乡共享发展指数的权重为18.75%,相对于其他四个指标,这一指标对城乡共享发展指数的贡献居中。从指标构成来看,减贫脱贫实现度指标主要是由表2-10中的城乡最低生活保障标准之比、城乡供水普及率之比、城乡累计已改厕受益人口比重之比3个指标加权组合而成。

表2-10　　　　城乡减贫脱贫实现度二、三级指标及权重

指标序号	二级指标	三级指标	权重(%)
12	减贫脱贫	城乡最低生活保障标准之比	6.25
13		城乡供水普及率之比	6.25
14		城乡累计已改厕受益人口比重之比	6.25

由表2-11可知,减贫脱贫实现度指标测算结果全国前10位的省(区、市)分别是上海、北京、天津、江苏、浙江、山东、广东、海南、福建、青海;其中东部地区9个,西部地区1个,中部地区和东北地区未有省份进入前10。

表2-11　　　　城乡减贫脱贫实现度指标指数及排名

省份	减贫脱贫实现度			二级指标	
				减贫脱贫	
	指标值	排名	与上年相比排名变化	指标值	排名
上海	0.184	1	0	0.184	1
北京	0.177	2	0	0.177	2
天津	0.173	3	1	0.173	3
江苏	0.169	4	-1	0.169	4
浙江	0.157	5	0	0.157	5
山东	0.127	6	0	0.127	6
广东	0.122	7	1	0.122	7
海南	0.117	8	-1	0.117	8
福建	0.116	9	0	0.116	9
青海	0.083	10	1	0.083	10

续表

省份	减贫脱贫实现度			二级指标 减贫脱贫	
	指标值	排名	与上年相比排名变化	指标值	排名
河北	0.080	11	2	0.080	11
宁夏	0.078	12	0	0.078	12
新疆	0.073	13	-3	0.073	13
湖北	0.073	14	0	0.073	14
黑龙江	0.069	15	1	0.069	15
甘肃	0.068	16	5	0.068	16
河南	0.067	17	3	0.067	17
广西	0.064	18	-3	0.064	18
辽宁	0.064	19	-2	0.064	19
山西	0.061	20	-2	0.061	20
吉林	0.061	21	1	0.061	21
内蒙古	0.058	22	1	0.058	22
江西	0.055	23	-4	0.055	23
云南	0.051	24	0	0.051	24
四川	0.051	25	0	0.051	25
湖南	0.049	26	0	0.049	26
重庆	0.049	27	2	0.049	27
陕西	0.047	28	0	0.047	28
安徽	0.047	29	-2	0.047	29
贵州	0.028	30	0	0.028	30

从图 2-7 可以窥见，2018 年各省（区、市）的城乡减贫脱贫实现度指标值和排名与 2017 年变化不大，尤其是上游水平的各省（区、市）变化不大，依然是 2017 年领先的 10 个省（区、市）位居榜首。进步较大的是甘肃省，由 2017 年的第 21 位提升到了 2018 年的第 16 位，进步了 5 名，这主要得益于甘肃省城乡最低生活保障标准之比、城乡供水普及率之比、城乡累计已改厕受益人口比重之比三个方面均有较大幅度提升，城乡减贫脱贫实现度日趋均衡。其中，甘肃省的城乡最低生活保障标准方面改善最为突出，自 2006 年以来，甘肃已连续 12 年将提高城乡低保标准和补助水平列入为民办实事任务。此外，河南、河北、重庆、天津、广东、青海、黑龙江、吉林、内蒙古城乡减贫脱贫实现度也都有小幅度的提升。与此同时，江苏、海南、辽宁、山西、安徽、新疆、广西、江西的城

乡减贫脱贫实现度相比 2017 年有所退步。其中，江西省位次下降了 4 名，退步最多，主要源于城乡最低生活保障标准之比指标有所扩大，拉低了其城乡减贫脱贫实现度指标值。

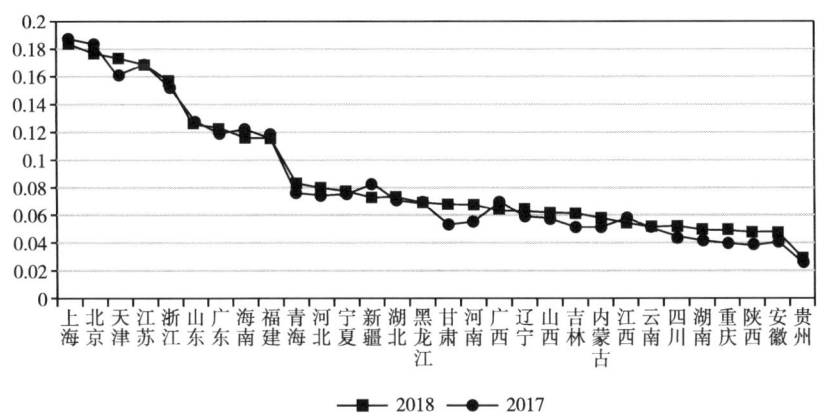

图 2-7　各省份城乡减贫脱贫实现度一级指标 2018 年和 2017 年对比

二、城乡减贫脱贫实现度区域差异分析

根据测算，从四大区域分布来看，全国城乡减贫脱贫实现度总体呈现东部一枝独秀，遥遥领先于其他地区，中部、东北地区和西部差距不大。相比 2017 年指标值来说，四大区域的城乡减贫脱贫实现度都有小幅度提升（见图 2-8）。

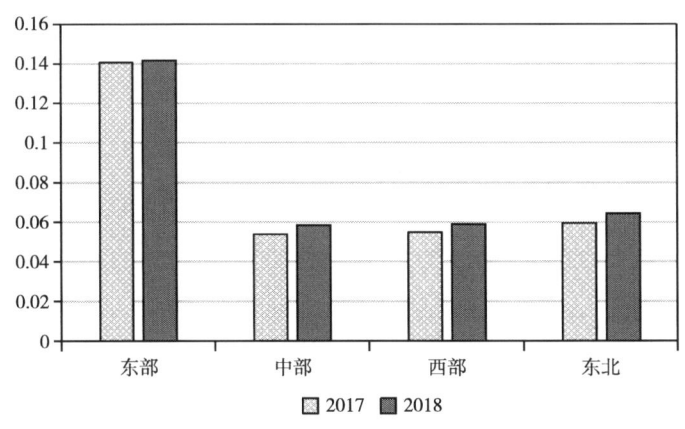

图 2-8　四大区域减贫脱贫实现度 2018 年和 2017 年对比

四大区域内部，东部地区依然保持了十分明显的领先优势，且区域内部分布均匀，10个省（市）均排名全国前11位，其中，上海以0.184的高分蝉联全国第一。东北三省的排名分别为第15、19、21位，处于全国中游水平。中部六省的城乡减贫脱贫实现度整体不佳，除了湖北、河南分列全国第14、17位以外，其余省份都在下游水平，其中指数值最低的安徽省位列全国第27位，城乡最低生活保障标准之比、城乡供水普及率之比、城乡累计已改厕受益人口比重之比指标值都相对较低。西部11个省（区、市）的城乡减贫脱贫实现度区域内部排名从10～30位均匀分散分布，其中排名最靠前（全国第10位）的青海省城乡减贫脱贫实现度指标值为0.083，而全国末位的贵州省城乡减贫脱贫实现度的指标值为0.028，两者极差为0.055。具体情况如表2-12所示。

表2-12　城乡减贫脱贫实现度四大区域内部差异分析

区域	地区	指数值	排名	区域	地区	指数值	排名
东部	北京	0.177	2	西部	内蒙古	0.058	22
东部	天津	0.173	3	西部	广西	0.064	18
东部	河北	0.08	11	西部	重庆	0.049	27
东部	上海	0.184	1	西部	四川	0.051	25
东部	江苏	0.169	4	西部	贵州	0.028	30
东部	浙江	0.157	5	西部	云南	0.051	24
东部	福建	0.116	9	西部	陕西	0.047	28
东部	山东	0.127	6	西部	甘肃	0.068	16
东部	广东	0.122	7	西部	青海	0.083	10
东部	海南	0.117	8	西部	宁夏	0.078	12
中部	山西	0.061	20	西部	新疆	0.073	13
中部	安徽	0.047	29	东北	辽宁	0.064	19
中部	江西	0.055	23	东北	吉林	0.061	21
中部	河南	0.067	17	东北	黑龙江	0.069	15
中部	湖北	0.073	14	由于缺少主要测算数据，因此，西藏、香港、澳门和台湾未参与测算			
中部	湖南	0.049	26				

第五节　城乡生态环境共享度测算及分析

本节采用"中国城乡共享发展指数评价体系"，从资源和环境两个方面测算我国30个省（区、市）的城乡生态环境共享度，并与2017年测算结果进行比较分析，随后采用区域比较的方法详细阐述这些地区生态环境共享度的基本格局和特点，并具体比较不同地区在资源和环境方面的差异。

一、城乡生态环境共享度指数测算结果

在城乡生态环境共享度指数测度体系中，城乡生态环境共享度占城乡共享发展指数的权重为12.5%，从指标构成来看，生态环境共享度指标主要是由表2-13中的2个指标加权组合而成。

表2-13　城乡生态环境共享度二、三级指标、权重

指标序号	二级指标	三级指标	权重（%）
15	资源	城乡人均日生活用水量之比	6.25
16	环境	城乡人均绿化面积对比	6.25

从表2-14中可以发现，城乡生态环境共享度指标的前10名分别是上海、天津、山东、云南、北京、河南、浙江、黑龙江、福建、辽宁（并列）；其中东部地区6个，东北地区2个，中部地区1个，西部地区1个。

表2-14　城乡生态环境共享度指标指数及排名

省份	生态环境共享度			二级指标			
				资源		环境	
	指标值	排名	与上年相比排名变化	指标值	排名	指标值	排名
上海	0.083	1	0	0.02	14	0.063	1
天津	0.073	2	0	0.063	1	0.011	6
山东	0.047	3	4	0.035	3	0.012	5
云南	0.041	4	0	0.041	2	0	29
北京	0.037	5	12	0.030	5	0.007	11
河南	0.035	6	2	0.029	7	0.006	12
浙江	0.034	7	8	0.024	11	0.01	7
黑龙江	0.034	7	-2	0.033	4	0	28
福建	0.033	9	-6	0.019	16	0.014	2
辽宁	0.033	9	-5	0.029	6	0.003	17
山西	0.029	11	-2	0.025	10	0.004	16

续表

省份	生态环境共享度			二级指标			
				资源		环境	
	指标值	排名	与上年相比排名变化	指标值	排名	指标值	排名
重庆	0.029	12	0	0.027	8	0.001	22
内蒙古	0.028	13	6	0.023	12	0.004	14
吉林	0.027	14	-4	0.027	9	0.001	25
江西	0.025	15	-1	0.022	13	0.002	19
江苏	0.024	16	0	0.010	21	0.014	3
湖南	0.022	17	5	0.010	21	0.013	4
河北	0.022	18	-5	0.019	15	0.002	20
安徽	0.02	19	-8	0.012	20	0.008	9
陕西	0.019	20	0	0.018	17	0.002	21
贵州	0.019	21	-3	0.015	18	0.004	15
湖北	0.016	22	4	0.008	26	0.009	8
广东	0.013	23	0	0.008	25	0.006	13
甘肃	0.013	24	0	0.013	19	0	26
青海	0.011	25	0	0.008	24	0.003	18
新疆	0.01	26	-5	0.011	23	0	30
海南	0.009	27	3	0.001	29	0.008	9
宁夏	0.004	28	-1	0.004	27	0	27
广西	0.002	29	-1	0.001	28	0.001	23
四川	0.001	30	-1	0	30	0.001	24

与2017年对比来看，上海和天津继续蝉联榜首，山东省排名进步了4位，跻身城乡生态环境共享度前三甲（见图2-9）。其中新入榜的北京上升最为明显，由2017年的中下游水平跃居第5位，指标值提高了0.012，这得益于其农村人均绿化面积显著增加，城乡人均日生活用水量之比也有所缩小，资源、环境方面均有所改善。此外，浙江、内蒙古、湖南、山东、湖北、海南、河南的城乡生态环境共享度也较2017年有所进步，其中浙江省的城乡人均绿化面积对比由2017年的9.416缩小到了2018年的1.451，拉到其城乡生态环境共享度实现跨越式进步。与此同时，江西、宁夏、广西、四川、黑龙江、山西、贵州、吉林、辽宁、河北、新疆、福建、安徽等省的城乡生态环境共享度排名有所退步，最明显的是安徽省，指标值从2017年的0.030下降到2018年的0.019，排名倒退了8名，资源、环境指标值和排名均有所下滑，需要警惕。

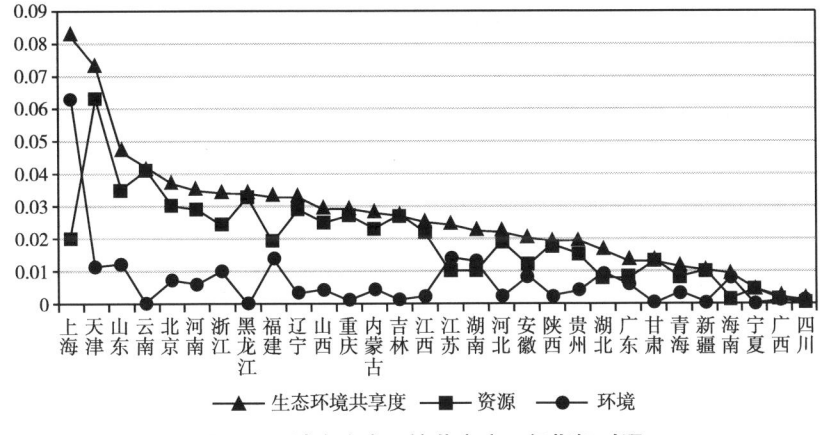

图 2-9 城乡生态环境共享度二级指标对照

城乡生态环境共享度二级指标资源的前 10 名分别是天津、云南、山东、黑龙江、北京、河南、辽宁、重庆、吉林、山西；二级指标环境的前 10 名分别是上海、福建、江苏、湖南、山东、天津、浙江、湖北、安徽、海南（并列）。每个省的城乡生态环境共享度二级指标排名中，资源的排名与一级指标比较相似。

二、城乡生态环境共享度区域差异分析

从城乡生态环境共享度的区域分布来看（见图 2-10），城乡生态环境共享总体呈现东部高、东北地区次之、中部居中、西部落后的情况。二级指标资源则东北地区表现最佳，明显领先于其他地区，东中西依次位于其后；环境指标中，东部显著领先，中部次之，而西部和东北地区都非常低，严重落后。

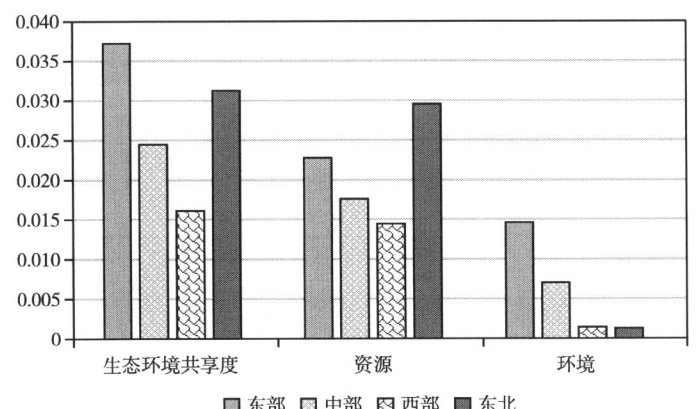

图 2-10 中国四大区域城乡生态环境共享度对照

从四大区域内部入手分析其城乡生态环境共享度的差异（见表2-15），可以发现，东部地区呈现两极分化趋势，10个省（市）中排在全国前10位的有6个，其中，上海、天津、山东分别以0.083、0.073、0.047的高指标值跻身三甲，而广东和海南则处于全国下游水平。中部六省除了河南跃居全国第6位以外，其余各省排名较为居中。西部各参评省（区、市）整体排名较为落后，但是云南省表现突出，以0.041的高指标值位于全国第4位，比同处西部地区的全国末位四川省的城乡生态环境共享度指标值高出0.04。东北三省分别位列全国第8、10、14位，整体居于全国中上游水平。

表2-15 城乡生态环境共享度四大区域内部差异分析

区域	地区	指数值	排名	区域	地区	指数值	排名
东部	北京	0.037	5	西部	内蒙古	0.028	13
	天津	0.073	2		广西	0.002	29
	河北	0.022	18		重庆	0.029	12
	上海	0.083	1		四川	0.001	30
	江苏	0.024	16		贵州	0.019	21
	浙江	0.034	7		云南	0.041	4
	福建	0.033	9		陕西	0.019	20
	山东	0.047	3		甘肃	0.013	24
	广东	0.013	23		青海	0.011	25
	海南	0.009	27		宁夏	0.004	28
中部	山西	0.029	11		新疆	0.010	26
	安徽	0.020	19	东北	辽宁	0.033	10
	江西	0.025	15		吉林	0.027	14
	河南	0.035	6		黑龙江	0.034	8
	湖北	0.016	22	由于缺少主要测算数据，因此，西藏、香港、澳门和台湾未参与测算			
	湖南	0.022	17				

第三章

贫困与非贫困地区共享发展指数比较

本章针对有脱贫攻坚任务的中西部省份（简称贫困省份，其余省份简称非贫困省份），就共享发展指数（区域）和共享发展指数（城乡）进行分析。本章重点在于对贫困与非贫困地区进行整体对比，通过对指数计算结果的对比分析贫困地区与非贫困地区的差异，同时，就贫困地区内部的总体情况进行分析。本章所指的贫困地区是22个有脱贫攻坚任务的省（区、市），即广西壮族自治区、内蒙古自治区、西藏自治区、新疆维吾尔自治区、宁夏回族自治区、河北省、辽宁省、黑龙江省、吉林省、甘肃省、青海省、河南省、湖北省、湖南省、江西省、云南省、山西省、四川省、陕西省、贵州省、安徽省、重庆市，基本涵盖了我国所有的中西部省份。由于原始数据的采集问题，本章分析未包含西藏自治区。

第一节 贫困地区与非贫困地区共享发展指数（区域）对比

总体来看，非贫困地区共享发展水平明显高于贫困地区，贫困地区省份的共享发展指标值均值远低于其他省份。但从一级指标来看，贫困地区省份生态环境共享度指标值均值要高于其他非贫困地区省份。以贫困、非贫困二分法，各省（区、市）具体指标、排名如表3-1所示。

（一）贫困地区和非贫困地区共享发展水平差距较大

首先，从总体上看，东部非贫困地区的共享发展指数均值为0.499，远高于贫困地区的均值0.355和全国均值0.398。共享发展指数值最高的前10个省份中有8个来自东部发达地区，共享发展指数值最低的10个省份均来自于贫困地区，

表3-1 共享发展指数（区域）贫困与非贫困地区对比

省份		共享发展指数（区域）		一级指标									
				经济发展分享度		社会保障公平度		公共服务均等化		减贫脱贫实现度		生态环境共享度	
		指标值	排名	指标值	排名	指标值	排名	指标值	排名	指标值	排名	指标值	排名
全国均值		0.398	13	0.038	13	0.100	15	0.102	14	0.090	16	0.068	15
贫困地区均值		0.355	19	0.030	19	0.098	16	0.082	19	0.075	21	0.071	10
非贫困地区均值		0.499	5	0.055	4	0.105	14	0.151	6	0.127	4	0.061	20
非贫困省份	北京	0.712	1	0.112	1	0.176	1	0.221	1	0.122	6	0.081	4
	上海	0.56	2	0.071	3	0.13	3	0.195	2	0.119	7	0.044	28
	江苏	0.512	3	0.052	4	0.109	12	0.138	6	0.155	1	0.059	22
	浙江	0.503	4	0.039	10	0.118	6	0.158	5	0.127	4	0.06	21
	山东	0.464	6	0.039	13	0.114	8	0.124	8	0.13	3	0.035	29
	福建	0.456	7	0.044	7	0.087	22	0.108	10	0.137	2	0.056	24
	广东	0.443	8	0.034	16	0.102	14	0.134	7	0.122	5	0.052	26
	天津	0.443	9	0.077	2	0.043	30	0.176	3	0.112	9	0.08	6
	海南	0.399	12	0.028	22	0.067	29	0.108	11	0.115	8	0.08	5
贫困省份	新疆	0.477	5	0.037	15	0.099	15	0.172	4	0.059	25	0.11	3
	内蒙古	0.426	10	0.025	23	0.088	21	0.116	9	0.074	21	0.122	1
	湖北	0.418	11	0.043	8	0.125	5	0.098	14	0.094	14	0.058	23
	河北	0.39	13	0.047	6	0.075	26	0.096	15	0.1	11	0.045	27
	重庆	0.379	14	0.019	26	0.113	9	0.086	18	0.089	16	0.071	10
	辽宁	0.378	15	0.039	12	0.109	11	0.107	12	0.077	19	0.07	11
	湖南	0.373	16	0.016	28	0.139	2	0.072	22	0.076	20	0.072	8
	江西	0.373	17	0.039	11	0.081	23	0.08	19	0.103	10	0.069	14
	宁夏	0.365	18	0.05	5	0.092	17	0.095	16	0.06	24	0.065	16
	广西	0.355	19	0.031	18	0.08	24	0.077	20	0.096	13	0.061	20
	黑龙江	0.353	20	0.029	20	0.098	16	0.072	23	0.089	17	0.069	12
	陕西	0.352	21	0.029	21	0.128	4	0.076	21	0.055	27	0.065	15
	安徽	0.352	22	0.024	25	0.091	19	0.094	17	0.081	18	0.072	9
	青海	0.341	23	0.03	19	0.09	20	0.071	24	0.036	30	0.062	19
	山西	0.341	24	0.025	24	0.092	18	0.103	13	0.06	23	0.064	17
	四川	0.332	25	0.012	30	0.118	7	0.041	29	0.097	12	0.055	25
	河南	0.327	26	0.037	14	0.107	13	0.034	30	0.094	15	0.064	18
	吉林	0.315	27	0.042	9	0.073	27	0.069	25	0.067	22	0.114	2
	贵州	0.295	28	0.016	27	0.111	10	0.047	27	0.052	29	0.069	13
	云南	0.275	29	0.015	29	0.079	25	0.045	28	0.058	26	0.079	7
	甘肃	0.241	30	0.031	17	0.067	28	0.061	26	0.053	28	0.029	30

两极分化的趋势极为明显（见图3-1）。非贫困地区中，海南省的指数值排名最为靠后。对其一级指标进行分析，可以发现海南省经济发展分享度与社会保障公平度两个指标值均远低于全国平均水平，在所有的省份中分别排名第22位和第29位，严重拉低了总体得分。贫困地区中，新疆、内蒙古两区共享发展指数进入了前10名，分别排名第5位和第10位。对其一级指标进行分析，可以发现新疆和内蒙古在公共服务均等化和生态环境共享度两方面所得指标值均远超贫困地区平均水平，说明新疆和内蒙古在公共服务提供、环境保护方面明显要强于其他贫困省份。

而从构成共享发展指数的五个一级指标来看，贫困省份的五个一级指标得分并非全部低于非贫困地区，非贫困地区经济发展分享度、公共服务均等化、减贫脱贫实现度三个指标得分优于贫困地区，生态环境共享度指标得分则低于贫困地区，而两地区的社会保障公平度指标均值则相差不大。

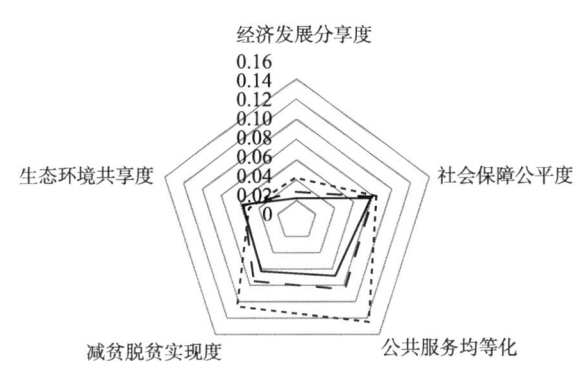

图3-1 共享发展指数（区域）贫困地区与非贫困地区雷达

（二）贫困地区的经济发展分享程度低于非贫困地区

贫困地区经济发展分享度指标均值为0.03，低于非贫困地区的指标均值0.055。但从构成经济发展分享度指标的经济增长和就业程度两个二级指标来看，两类地区的得分则略有不同。

与上级指标相似，非贫困地区的经济增长指标均值明显要高于贫困地区，除广东、海南两省外，非贫困地区的7个省份排名均在前10名，而后10名中，贫困地区则占据了8个省份；与非贫困地区经济增长指标明显优于贫困地区不同，两地区的就业程度指标差异并不大，位于非贫困地区的福建、上海两省市的就业指标值分别为第25位和27位，而贫困地区的甘肃、湖北和新疆的就业指标值则分别为第2、第3和第5位，并未呈现出明显分化。具体指标见表3-2。

表3-2　　　　　经济发展分享度贫困地区与非贫困地区对比

省区		经济发展分享度		二级指标			
				经济增长		就业	
		指标值	排名	指标值	排名	指标值	排名
非贫困省份均值		0.055	4	0.045	5	0.011	7
贫困省份均值		0.030	19	0.025	16	0.006	12
非贫困省份	北京	0.112	1	0.072	2	0.04	1
	天津	0.077	2	0.073	1	0.004	16
	上海	0.071	3	0.071	3	0	27
	江苏	0.052	4	0.044	6	0.008	9
	福建	0.044	7	0.043	7	0.002	25
	浙江	0.039	10	0.03	12	0.009	7
	山东	0.039	13	0.035	10	0.004	16
	广东	0.034	16	0.02	22	0.014	5
	海南	0.028	22	0.013	26	0.015	3
贫困省份	宁夏	0.05	5	0.049	4	0.002	25
	河北	0.047	6	0.045	5	0.003	21
	湖北	0.043	8	0.028	15	0.015	3
	吉林	0.042	9	0.038	8	0.004	16
	江西	0.039	11	0.034	11	0.005	15
	辽宁	0.039	12	0.037	9	0.002	24
	河南	0.037	14	0.029	13	0.008	9
	新疆	0.037	15	0.023	17	0.014	5
	甘肃	0.031	17	0.013	27	0.018	2
	广西	0.031	18	0.022	20	0.009	7
	青海	0.03	19	0.022	18	0.007	11
	黑龙江	0.029	20	0.029	14	0	28
	陕西	0.029	21	0.023	16	0.005	14
	内蒙古	0.025	23	0.022	19	0.003	21
	山西	0.025	24	0.021	21	0.004	16
	安徽	0.024	25	0.018	23	0.006	12
	重庆	0.019	26	0.016	24	0.003	21
	贵州	0.016	27	0.01	30	0.006	12
	湖南	0.016	28	0.016	25	0	28
	云南	0.015	29	0.012	29	0.003	20
	四川	0.012	30	0.012	28	0	28

(三) 非贫困地区社会保障公平度优于贫困地区，但地区差异并不大

非贫困地区社会保障公平度指标均值为 0.105，略高于贫困地区的指标均值 0.98。而从构成社会保障公平度的 4 个二级指标来看，非贫困地区养老和健康两个指标的均值高于贫困地区，表明非贫困地区居民参加基本养老保险的比率较高，人均预期寿命较长；而非贫困地区的医疗和住房两个指标的均值则低于贫困地区，表明在医疗机构和医护人员的数量方面，贫困地区各省的内部差距小于非贫困地区各省，且贫困地区的人均住房面积和住房保障要好于非贫困地区。具体指标见表 3-3。

表 3-3　　社会保障公平度贫困地区与非贫困地区对比

省份		社会保障公平度		二级指标							
				养老		健康		医疗		住房	
		指标值	排名	指标值	排名	指标值	排名	指标值	排名	指标值	排名
非贫困省份平均		0.105	14	0.021	9	0.026	4	0.027	20	0.031	22
贫困省份平均		0.980	16	0.014	19	0.012	25	0.032	17	0.039	14
非贫困省份	北京	0.176	1	0.040	1	0.037	2	0.060	1	0.039	14
	上海	0.130	3	0.022	8	0.040	1	0.037	10	0.031	22
	浙江	0.118	6	0.022	7	0.026	5	0.037	11	0.034	20
	山东	0.114	8	0.028	3	0.026	4	0.032	17	0.028	24
	江苏	0.109	12	0.020	11	0.020	7	0.034	15	0.035	19
	广东	0.102	14	0.029	2	0.022	6	0.009	27	0.042	11
	福建	0.087	22	0.018	14	0.017	13	0.011	26	0.041	13
	海南	0.067	29	0.008	24	0.019	8	0.013	25	0.026	27
	天津	0.043	30	0.000	29	0.027	3	0.009	28	0.007	30
贫困省份	湖南	0.139	2	0.021	9	0.014	19	0.042	8	0.062	1
	陕西	0.128	4	0.021	10	0.015	17	0.048	4	0.044	6
	湖北	0.125	5	0.014	19	0.015	16	0.045	5	0.050	3
	四川	0.118	7	0.017	15	0.014	21	0.044	6	0.042	10
	重庆	0.113	9	0.023	6	0.017	11	0.043	7	0.029	23
	贵州	0.111	10	0.013	21	0.004	28	0.036	12	0.058	2
	辽宁	0.109	11	0.020	13	0.019	9	0.050	3	0.021	29
	河南	0.107	13	0.027	4	0.013	22	0.028	19	0.038	15
	新疆	0.099	15	0.000	30	0.008	26	0.056	2	0.036	16
	黑龙江	0.098	16	0.004	26	0.017	12	0.034	14	0.043	9

续表

省份		社会保障公平度		二级指标							
				养老		健康		医疗		住房	
		指标值	排名	指标值	排名	指标值	排名	指标值	排名	指标值	排名
贫困省份	宁夏	0.092	17	0.008	23	0.011	25	0.033	16	0.041	12
	山西	0.092	18	0.017	16	0.014	18	0.025	20	0.035	18
	安徽	0.091	19	0.026	5	0.015	15	0.006	30	0.044	7
	青海	0.090	20	0.016	17	0.000	29	0.038	9	0.035	17
	内蒙古	0.088	21	0.008	25	0.013	23	0.036	13	0.032	21
	江西	0.081	23	0.015	18	0.013	23	0.006	29	0.047	4
	广西	0.080	24	0.004	27	0.016	14	0.016	23	0.044	5
	云南	0.079	25	0.013	22	0.000	30	0.022	21	0.044	8
	河北	0.075	26	0.020	12	0.014	19	0.014	24	0.027	26
	吉林	0.073	27	0.001	28	0.019	10	0.032	18	0.022	28
	甘肃	0.067	28	0.014	20	0.007	27	0.019	22	0.027	25

(四) 贫困地区的公共服务均等化程度跟非贫困地区尚具有较大差距

贫困地区公共服务均等化程度指标均值为0.082,而非贫困地区公共服务均等化程度指标均值几乎非贫困地区的两倍,达到了0.151。

与一级指标得分水平相似,二级指标中,非贫困地区的基础设施、教育、文化指标得分均约为贫困地区的两倍,表明贫困地区在基础设施建设、教育的人均财政支出及平均受教育年限、文化产业发展程度等方面落后于非贫困地区;而从科技指标角度来看,非贫困地区的该指标得分为0.016,为贫困地区指标得分0.002的8倍,表明贫困地区在科技领域的人均财政支出远低于非贫困地区。具体指标见表3-4。

表3-4　　　　　公共服务均等化贫困地区与非贫困地区对比

省份		公共服务均等化		二级指标							
				基础设施		科技		教育		文体	
		指标值	排名	指标值	排名	指标值	排名	指标值	排名	指标值	排名
非贫困省份均值		0.151	6	0.098	5	0.016	5	0.028	5	0.009	7
贫困省份均值		0.082	20	0.058	21	0.002	15	0.017	18	0.005	11
非贫困省份	北京	0.221	1	0.098	6	0.037	2	0.055	1	0.031	2
	上海	0.195	2	0.100	4	0.040	1	0.041	3	0.014	3

续表

省份		公共服务均等化		二级指标							
				基础设施		科技		教育		文体	
		指标值	排名	指标值	排名	指标值	排名	指标值	排名	指标值	排名
非贫困省份	天津	0.176	3	0.106	2	0.021	3	0.038	4	0.010	5
	浙江	0.158	5	0.120	1	0.012	5	0.019	14	0.007	9
	江苏	0.138	6	0.098	5	0.012	6	0.023	8	0.005	11
	广东	0.134	7	0.089	7	0.018	4	0.023	7	0.004	13
	山东	0.124	8	0.105	3	0.002	17	0.016	19	0.001	26
	福建	0.108	10	0.086	8	0.003	10	0.014	20	0.004	12
	海南	0.108	11	0.079	11	0.002	15	0.019	13	0.007	8
贫困省份	新疆	0.172	4	0.077	14	0.003	12	0.052	2	0.040	1
	内蒙古	0.116	9	0.082	9	0.001	21	0.024	5	0.010	6
	辽宁	0.107	12	0.079	12	0.001	20	0.023	6	0.003	16
	山西	0.103	13	0.078	13	0.000	29	0.021	9	0.004	15
	湖北	0.098	14	0.071	16	0.007	8	0.018	15	0.002	20
	河北	0.096	15	0.081	10	0.000	28	0.014	21	0.001	29
	宁夏	0.095	16	0.057	21	0.005	9	0.021	10	0.012	4
	安徽	0.094	17	0.072	15	0.010	7	0.011	25	0.001	27
	重庆	0.086	18	0.065	18	0.002	16	0.017	18	0.002	22
	江西	0.080	19	0.062	20	0.003	14	0.014	22	0.002	23
	广西	0.077	20	0.062	19	0.000	30	0.014	23	0.002	24
	陕西	0.076	21	0.046	25	0.002	18	0.019	12	0.009	7
	湖南	0.072	22	0.050	23	0.000	24	0.018	16	0.004	14
	黑龙江	0.072	23	0.052	22	0.001	23	0.018	17	0.001	25
	青海	0.071	24	0.067	17	0.003	13	0.000	30	0.001	28
	吉林	0.069	25	0.040	26	0.002	19	0.020	11	0.006	10
	甘肃	0.061	26	0.049	24	0.000	26	0.009	26	0.002	19
	贵州	0.047	27	0.033	28	0.003	11	0.007	28	0.003	17
	云南	0.045	28	0.035	27	0.000	27	0.007	29	0.002	21
	四川	0.041	29	0.029	29	0.001	22	0.009	27	0.003	18
	河南	0.034	30	0.021	30	0.000	25	0.013	24	0.000	30

（五）贫困地区省份脱贫攻坚任重而道远

减贫脱贫一级指标和二级指标相同，由于涉及贫困发生率以及农村生活生产情况，贫困省份指标值目前仍然低于非贫困省份，贫困省份的贫困发生率仍需要进一步降低。具体指标见表3-5。

表3-5　减贫脱贫实现度贫困地区与非贫困地区对比

省份		减贫脱贫实现度		二级指标 减贫脱贫	
		指标值	排名	指标值	排名
非贫困省份均值		0.127	4	0.127	4
贫困省份均值		0.075	21	0.075	21
非贫困省份	江苏	0.155	1	0.155	1
	福建	0.137	2	0.137	2
	山东	0.130	3	0.130	3
	浙江	0.127	4	0.127	4
	广东	0.122	5	0.122	5
	北京	0.122	6	0.122	6
	上海	0.119	7	0.119	7
	海南	0.115	8	0.115	8
	天津	0.112	9	0.112	9
贫困省份	江西	0.103	10	0.103	10
	河北	0.100	11	0.100	11
	四川	0.097	12	0.097	12
	广西	0.096	13	0.096	13
	湖北	0.094	14	0.094	14
	河南	0.094	15	0.094	15
	重庆	0.089	16	0.089	16
	黑龙江	0.089	17	0.089	17
	安徽	0.081	18	0.081	18
	辽宁	0.077	19	0.077	19
	湖南	0.076	20	0.076	20
	内蒙古	0.074	21	0.074	21
	吉林	0.067	22	0.067	22
	山西	0.060	23	0.060	23
	宁夏	0.060	24	0.060	24
	新疆	0.059	25	0.059	25
	云南	0.058	26	0.058	26
	陕西	0.055	27	0.055	27
	甘肃	0.053	28	0.053	28
	贵州	0.052	29	0.052	29
	青海	0.036	30	0.036	30

(六) 贫困地区生态环境共享度大幅领先非贫困地区

贫困地区生态环境共享度指标均值为 0.071，而非贫困地区的生态环境共享度指标均值为 0.061，贫困地区省份的生态环境共享度优于非贫困地区。而且从指标得分的省域排名来看，除北京、海南、福建三省排名在前 10 名以内，非贫困地区的其余六省排名均在 20 名以外，得分较低。

生态环境共享度有资源与环境两个二级指标。贫困地区的资源指标均值为 0.027，而非贫困地区的资源指标均值为 0.011，贫困地区资源人均拥有量明显高于非贫困地区；但从环境指标来看，非贫困地区的指标得分为 0.05，高于贫困地区的平均得分 0.044，说明非贫困地区各省份在环境保护方面的人均财政支出多于贫困地区。具体指标见表 3-6。

表 3-6 生态环境共享度贫困地区与非贫困地区对比

省份		生态环境共享度		二级指标			
				资源		环境	
		指标值	排名	指标值	排名	指标值	排名
贫困地区		0.071	10	0.027	9	0.044	18
非贫困省份		0.061	20	0.011	22	0.050	13
全国		0.068	15	0.022	12	0.046	17
贫困省份	内蒙古	0.122	1	0.065	2	0.058	5
	青海	0.114	2	0.048	3	0.066	2
	新疆	0.110	3	0.095	1	0.015	29
	云南	0.079	7	0.035	5	0.044	19
	重庆	0.072	8	0.014	18	0.058	4
	广西	0.072	9	0.029	7	0.043	20
	河北	0.071	10	0.007	24	0.064	3
	湖南	0.070	11	0.019	13	0.051	10
	江西	0.069	12	0.027	9	0.042	22
	贵州	0.069	13	0.023	11	0.046	17
	宁夏	0.069	14	0.018	14	0.051	11
	陕西	0.065	15	0.015	17	0.051	12
	黑龙江	0.065	16	0.043	4	0.022	28
	吉林	0.064	17	0.027	10	0.038	25
	四川	0.064	18	0.021	12	0.043	21
	安徽	0.062	19	0.014	19	0.048	15

续表

省份		生态环境共享度		二级指标			
				资源		环境	
		指标值	排名	指标值	排名	指标值	排名
贫困省份	山西	0.061	20	0.011	23	0.050	13
	湖北	0.058	23	0.017	15	0.041	24
	河南	0.055	25	0.006	26	0.049	14
	辽宁	0.045	27	0.012	21	0.033	27
	甘肃	0.029	30	0.015	16	0.014	30
非贫困省份	北京	0.081	4	0.001	28	0.080	1
	海南	0.080	5	0.029	6	0.051	9
	福建	0.080	6	0.028	8	0.052	7
	浙江	0.060	21	0.013	20	0.047	16
	江苏	0.059	22	0.006	25	0.052	6
	山东	0.056	24	0.005	27	0.051	8
	广东	0.052	26	0.011	22	0.041	23
	上海	0.044	28	0.001	30	0.044	18
	天津	0.035	29	0.001	29	0.033	26

第二节 贫困地区与非贫困地区共享发展指数（城乡）对比

共享发展指数（城乡）重在体现各个区域内部城乡共享发展的水平差异。从指数角度，以贫困地区、非贫困地区二分法来看：贫困地区的城乡差距更大，贫困地区省份的共享发展（城乡）指数远低于非贫困地区。

以贫困、非贫困二分法，各省具体指标、排名如表3-7。

表3-7　　　共享发展指数（城乡）贫困与非贫困地区对比

省份	共享发展指数（城乡）		一级指标								
			经济发展分享度		社会保障公平度		公共服务协调度		减贫脱贫实现度		生态环境共享度	
	指标值	排名	指标值	排名	指标值	排名	指标值	排名	指标值	排名	指标值	排名
全国均值	0.406	16	0.081	15	0.148	14	0.064	12	0.087	10	0.026	15
贫困地区均值	0.362	21	0.080	16	0.139	18	0.062	14	0.061	20	0.021	19
非贫困地区均值	0.507	6	0.083	15	0.168	10	0.068	7	0.149	6	0.039	5

续表

省份		共享发展指数（城乡）		一级指标									
				经济发展分享度		社会保障公平度		公共服务协调度		减贫脱贫实现度		生态环境共享度	
		指标值	排名	指标值	排名	指标值	排名	指标值	排名	指标值	排名	指标值	排名
非贫困省份	上海	0.701	1	0.064	22	0.245	2	0.125	1	0.184	1	0.083	1
	福建	0.526	2	0.094	12	0.214	3	0.068	8	0.116	9	0.033	9
	江苏	0.524	3	0.096	11	0.173	8	0.062	14	0.169	4	0.024	16
	浙江	0.515	4	0.114	5	0.148	14	0.062	15	0.157	5	0.034	7
	天津	0.509	5	0.120	4	0.141	16	0.002	30	0.173	3	0.073	2
	北京	0.493	7	0.054	23	0.132	22	0.093	2	0.177	2	0.037	5
	山东	0.446	10	0.068	20	0.135	20	0.068	7	0.127	6	0.047	3
	海南	0.427	12	0.084	14	0.150	12	0.067	9	0.117	8	0.009	27
	广东	0.425	13	0.049	26	0.171	9	0.069	6	0.122	7	0.013	23
贫困省份	安徽	0.495	6	0.123	2	0.246	1	0.058	26	0.047	29	0.020	19
	河北	0.458	8	0.134	1	0.163	10	0.060	22	0.080	11	0.022	18
	江西	0.449	9	0.105	7	0.203	4	0.061	17	0.055	23	0.025	15
	河南	0.429	11	0.120	3	0.140	17	0.067	10	0.067	17	0.035	6
	山西	0.411	14	0.081	15	0.181	7	0.060	21	0.061	20	0.029	11
	湖南	0.409	15	0.084	13	0.194	6	0.059	23	0.049	26	0.022	17
	湖北	0.380	16	0.100	9	0.134	21	0.057	27	0.073	14	0.016	22
	吉林	0.375	17	0.097	10	0.131	23	0.058	25	0.061	21	0.027	14
	陕西	0.373	18	0.049	25	0.197	5	0.060	20	0.047	28	0.019	20
	重庆	0.367	19	0.079	16	0.149	13	0.061	18	0.049	27	0.029	12
	广西	0.364	20	0.077	17	0.162	11	0.059	24	0.064	18	0.002	29
	云南	0.358	21	0.072	19	0.138	19	0.056	28	0.051	24	0.041	4
	黑龙江	0.354	22	0.102	8	0.075	27	0.075	3	0.069	15	0.034	8
	辽宁	0.344	23	0.052	24	0.125	24	0.071	5	0.064	19	0.033	10
	四川	0.328	24	0.106	6	0.108	25	0.062	16	0.051	25	0.001	30
	甘肃	0.318	25	0.034	30	0.138	18	0.065	11	0.068	16	0.013	24
	内蒙古	0.296	26	0.074	18	0.073	28	0.063	13	0.058	22	0.028	13
	贵州	0.294	27	0.037	29	0.146	15	0.064	12	0.028	30	0.019	21
	新疆	0.290	28	0.038	28	0.095	26	0.074	4	0.073	13	0.010	26
	宁夏	0.266	29	0.067	21	0.071	29	0.046	29	0.078	12	0.004	28
	青海	0.253	30	0.046	27	0.051	30	0.061	19	0.083	10	0.011	25

（一）非贫困地区、贫困地区共享发展的城乡差距较大，但城乡差异低于区域间差异

首先，从总体上看，非贫困省份的共享发展指数（城乡）均值为0.507，远高于贫困地区的均值0.362和全国均值0.406。共享发展指数（城乡）均值最高的前10个省份中有7个来自东部发达地区，共享发展指数值最低的15个省份均来自于贫困地区，两极分化的趋势比共享发展指数（区域）更为严重。

非贫困地区中，上海、福建、江苏、浙江、天津、分别排名第1～5位，北京、山东、海南、广东分别排名第7、10、12、13位。其中，上海除了经济发展分享度之外，其他四项指标有三项排名第1，一项排名第2。广东省的指数值排名最为靠后，对其一级指标进行分析，可以发现广东省经济发展分享度与生态环境共享度两个指标值均远低于全国平均水平，在所有的省份中分别排名第26位和第23位，极大的拉低了总体得分。贫困地区中，安徽、河北、江西三省的共享发展指数（城乡）进入了前10名，分别排名第6、第8和第10位。对其一级指标进行分析，可以发现三省在经济发展分享度方面与社会保障公平度方面的得分均位于前列，河北的经济发展分享度指标得分与安徽的社会保障公平度指标得分更是在所有的省份中排名第1。这说明安徽、河北、江西三省在经济发展、社会保障两个方面的城乡差距要小于其他贫困省份。根据五个一级指标的得分情况做的雷达图如图3-2所示。

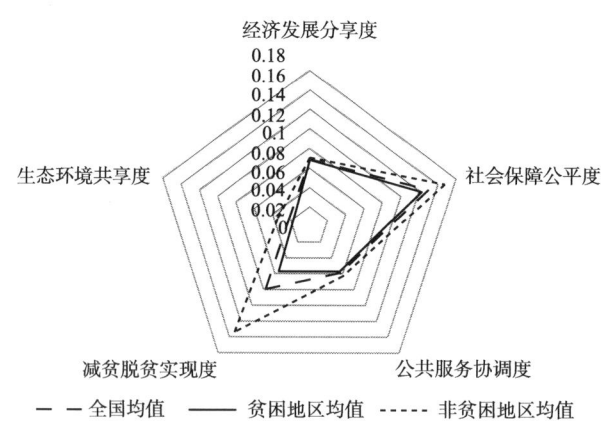

图3-2 共享发展指数（城乡）贫困地区与非贫困地区雷达

（二）贫困地区和非贫困地区的经济发展分享度城乡差距程度相当

非贫困地区经济发展分享度指标均值为0.083，略高于贫困地区的指标均值

0.08。但从构成经济发展分享度指标的收入与支出、就业两个二级指标来看,两地区的得分则略有不同。

与上级指标相似,非贫困地区的收入与支出指标均值为0.071,明显要高于贫困地区0.049的平均得分,非贫困地区的城乡收入与支出差距较小。但从地区的内部来看,非贫困地区和贫困地区内部各省份的得分差异均十分巨大。非贫困地区中,天津、浙江、江苏、福建四省均位于前10,海南、山东、上海三省（市）排名略低,但也均处于前20名,而北京与广东的指标得分则不尽人意,均处于20名以后,得分差异明显。贫困地区中,湖北、黑龙江、吉林、江西、河北、安徽六省得分均在0.07以上,而云南、贵州、甘肃三省的收入与支出指标得分均不超过0.01,内部差异显著。

与上级指标不同,非贫困地区的就业指标均值为0.011,明显要低于贫困地区0.031的平均得分,贫困地区城乡就业差距相对较轻。从地区内部来看,城乡就业差距呈现出一定的规律性：贫困地区省份包揽了城乡差距最小的前10名,非贫困地区省份包揽了城乡差距最大的前6名,导致两地区指标平均分差异显著。具体指标见表3-8。

表3-8　　　　经济发展分享度贫困地区与非贫困地区对比

省份		经济发展分享度		二级指标			
				收入与支出		就业	
		指标值	排名	指标值	排名	指标值	排名
非贫困省份均值		0.083	15	0.071	11	0.011	25
贫困省份均值		0.080	16	0.049	19	0.031	8
非贫困省份	天津	0.120	4	0.120	1	0.000	30
	浙江	0.114	5	0.111	2	0.003	29
	江苏	0.096	11	0.089	3	0.007	28
	福建	0.094	12	0.074	9	0.020	17
	海南	0.084	14	0.059	14	0.025	13
	山东	0.068	20	0.049	19	0.019	19
	上海	0.064	22	0.052	17	0.011	25
	北京	0.054	23	0.047	21	0.007	27
	广东	0.049	26	0.040	22	0.009	26
贫困省份	河北	0.134	1	0.075	8	0.059	2
	安徽	0.123	2	0.073	10	0.050	4
	河南	0.120	3	0.064	11	0.056	3

续表

省份		经济发展分享度		二级指标			
				收入与支出		就业	
		指标值	排名	指标值	排名	指标值	排名
贫困省份	四川	0.106	6	0.062	12	0.044	5
	江西	0.105	7	0.076	7	0.030	9
	黑龙江	0.102	8	0.086	5	0.016	23
	湖北	0.100	9	0.088	4	0.012	24
	吉林	0.097	10	0.078	6	0.019	21
	湖南	0.084	13	0.059	13	0.025	14
	山西	0.081	15	0.048	20	0.032	7
	重庆	0.079	16	0.054	16	0.025	12
	广西	0.077	17	0.051	18	0.026	11
	内蒙古	0.074	18	0.054	15	0.020	18
	云南	0.072	19	0.010	28	0.063	1
	宁夏	0.067	21	0.039	23	0.028	10
	辽宁	0.052	24	0.030	24	0.022	15
	陕西	0.049	25	0.029	25	0.020	16
	青海	0.046	27	0.027	26	0.019	22
	新疆	0.038	28	0.019	27	0.019	20
	贵州	0.037	29	0.006	29	0.031	8
	甘肃	0.034	30	0.000	30	0.034	6

（三）非贫困地区城乡社会保障公平度差距小于贫困地区

非贫困地区社会保障公平度指标均值为0.168，略高于贫困地区的指标均值0.139，表明非贫困地区的社会保障城乡差距更小一些。社会保障公平度一级指标下有四个二级指标：养老、健康医疗、住房、教育。总体来看，养老二级指标方面，贫困地区和非贫困地区差距不大，表明贫困地区和非贫困地区在养老保险的参加率、对于养老方面的财政支出等方面，城乡之间没有太显著的差距；健康医疗二级指标方面，贫困地区则要明显高于非贫困地区，表明贫困地区在参加医疗保险、在医疗保险方面的财政支出的城乡差异要比非贫困地区小；在住房二级指标方面，非贫困地区要高于贫困地区，表明在住房面积方面，非贫困地区的城乡差距较小而贫困地区城乡差距较大；在教育二级指标方面，非贫困地区得分要高于贫困地区，表明在人均受教育年限方面，非贫困地区的城乡差距小于贫困地区。具体指标见表3-9。

表 3-9　社会保障公平度贫困地区与非贫困地区对比

省份		社会保障公平度		二级指标							
				养老		健康医疗		住房		教育	
		指标值	排名	指标值	排名	指标值	排名	指标值	排名	指标值	排名
非贫困省份均值		0.168	10	0.037	13	0.038	18	0.043	7	0.050	8
贫困省份均值		0.139	18	0.033	17	0.048	14	0.025	18	0.034	22
贫困省份	安徽	0.246	1	0.065	1	0.097	1	0.041	11	0.044	12
	江西	0.203	4	0.032	17	0.087	2	0.036	13	0.047	9
	陕西	0.197	5	0.041	9	0.070	4	0.043	8	0.042	13
	湖南	0.194	6	0.047	5	0.048	14	0.043	7	0.055	5
	山西	0.181	7	0.038	12	0.055	11	0.025	18	0.062	2
	河北	0.163	10	0.042	8	0.059	8	0.021	21	0.041	17
	广西	0.162	11	0.031	18	0.051	13	0.029	15	0.051	7
	重庆	0.149	13	0.031	19	0.033	20	0.059	2	0.027	23
	贵州	0.146	15	0.049	3	0.069	5	0.010	27	0.019	26
	河南	0.140	17	0.039	11	0.037	18	0.024	20	0.040	18
	甘肃	0.138	18	0.048	4	0.064	7	0.008	28	0.018	27
	云南	0.138	19	0.047	6	0.056	10	0.020	22	0.015	29
	湖北	0.134	21	0.034	16	0.026	23	0.038	12	0.037	21
	吉林	0.131	23	0.016	28	0.059	9	0.015	23	0.041	16
	辽宁	0.125	24	0.017	27	0.043	15	0.028	17	0.037	19
	四川	0.108	25	0.019	25	0.040	16	0.028	16	0.022	24
	新疆	0.095	26	0.007	30	0.015	28	0.030	14	0.042	14
	黑龙江	0.075	27	0.012	29	0.035	19	0.000	30	0.028	22
	内蒙古	0.073	28	0.027	20	0.024	24	0.004	29	0.017	28
	宁夏	0.071	29	0.017	26	0.023	25	0.010	26	0.020	25
	青海	0.051	30	0.026	23	0.013	29	0.013	24	0.000	30
非贫困省份	上海	0.245	2	0.063	2	0.067	6	0.063	1	0.053	6
	福建	0.214	3	0.044	7	0.071	3	0.057	3	0.042	15
	江苏	0.173	8	0.037	13	0.040	17	0.046	6	0.049	8
	广东	0.171	9	0.035	14	0.032	22	0.041	10	0.063	1
	海南	0.150	12	0.026	21	0.052	12	0.012	25	0.059	3
	浙江	0.148	14	0.026	22	0.016	27	0.051	4	0.056	4
	天津	0.141	16	0.034	15	0.010	30	0.050	5	0.047	10
	山东	0.135	20	0.040	10	0.033	21	0.025	19	0.037	20
	北京	0.132	22	0.026	24	0.018	26	0.042	9	0.046	11

（四）非贫困地区城乡公共服务均等化程度优于贫困地区，但两地区差异不大

非贫困地区公共服务均等化程度指标均值为 0.068，而贫困地区公共服务均等化程度指标均值为 0.062，公共服务协调度方面贫困地区城乡差距总体上高于非贫困地区，但差异并不明显。从具体排名来看，一些贫困地区的排名较为靠前，而非贫困地区的排名较为靠后，呈现互相交叉的局面，一级指标层面没有特别明显的规律。

公共服务协调度二级指标包含交通、科技两个二级指标。从二级指标的情况来看：非贫困地区的交通指标均值为 0.017，明显要高于贫困地区 0.007 的平均得分，说明非贫困地区城乡在人均公路里程方面的差距小于贫困地区；而从科技指标来看，贫困地区得分高于非贫困地区，成为减小与非贫困地区在公共服务均等化方面得分差异的关键。具体指标见表 3-10。

表 3-10　　公共服务协调度贫困地区与非贫困地区对比

省份		公共服务协调度		二级指标			
				交通		科技	
		指标值	排名	指标值	排名	指标值	排名
非贫困省份均值		0.068	7	0.017	4	0.052	26
贫困省份均值		0.062	14	0.007	14	0.055	21
非贫困省份	上海	0.125	1	0.063	1	0.063	1
	北京	0.093	2	0.039	2	0.053	22
	广东	0.069	6	0.014	6	0.056	20
	山东	0.068	7	0.010	8	0.059	7
	福建	0.068	8	0.009	9	0.059	6
	海南	0.067	9	0.009	11	0.059	4
	江苏	0.062	14	0.003	25	0.060	2
	浙江	0.062	15	0.006	17	0.057	17
	天津	0.002	30	0.002	26	0.000	30
贫困省份	黑龙江	0.075	3	0.022	3	0.053	25
	新疆	0.074	4	0.016	4	0.057	12
	辽宁	0.071	5	0.015	5	0.056	18
	河南	0.067	10	0.009	10	0.058	10
	甘肃	0.065	11	0.007	14	0.058	11
	贵州	0.064	12	0.008	13	0.056	19

续表

省份		公共服务协调度		二级指标			
				交通		科技	
		指标值	排名	指标值	排名	指标值	排名
贫困省份	内蒙古	0.063	13	0.007	16	0.057	15
	四川	0.062	16	0.003	22	0.059	5
	江西	0.061	17	0.003	23	0.058	8
	重庆	0.061	18	0.006	18	0.055	21
	青海	0.061	19	0.011	7	0.049	28
	陕西	0.060	20	0.003	21	0.057	14
	山西	0.060	21	0.007	15	0.053	23
	河北	0.060	22	0.001	29	0.059	3
	湖南	0.059	23	0.003	24	0.057	16
	广西	0.059	24	0.002	27	0.057	13
	吉林	0.058	25	0.008	12	0.050	27
	安徽	0.058	26	0.000	30	0.058	9
	湖北	0.057	27	0.003	20	0.053	24
	云南	0.056	28	0.004	19	0.052	26
	宁夏	0.046	29	0.001	28	0.044	29

（五）贫困地区基本生活保障的城乡差距远大于非贫困地区

减贫脱贫实现度一级指标和二级指标相同，三级指标主要涉及最低生活保障、供水、改厕收益度等三个指标。从整体上看，非贫困地区各省得分均高于贫困地区省份。表明在涉及基本生活保障的三个方面，贫困地区的城乡差距远大于非贫困地区。结合本指标体系的区域部分，可以发现无论是绝对量、相对量还是在城乡差距方面，涉及基本生活保障的部分，贫困地区和非贫困地区的差距都非常大。具体指标见表3-11。

表3-11　　　　减贫脱贫实现度贫困地区与非贫困地区对比

城乡	减贫脱贫实现度		二级指标	
			减贫脱贫	
	指标值	排名	指标值	排名
非贫困省份均值	0.149	6	0.149	6
贫困省份均值	0.061	20	0.061	20

续表

城乡		减贫脱贫实现度		二级指标 减贫脱贫	
		指标值	排名	指标值	排名
非贫困省份	上海	0.184	1	0.184	1
	北京	0.177	2	0.177	2
	天津	0.173	3	0.173	3
	江苏	0.169	4	0.169	4
	浙江	0.157	5	0.157	5
	山东	0.127	6	0.127	6
	广东	0.122	7	0.122	7
	海南	0.117	8	0.117	8
	福建	0.116	9	0.116	9
贫困省份	青海	0.083	10	0.083	10
	河北	0.080	11	0.080	11
	宁夏	0.078	12	0.078	12
	新疆	0.073	13	0.073	13
	湖北	0.073	14	0.073	14
	黑龙江	0.069	15	0.069	15
	甘肃	0.068	16	0.068	16
	河南	0.067	17	0.067	17
	广西	0.064	18	0.064	18
	辽宁	0.064	19	0.064	19
	山西	0.061	20	0.061	20
	吉林	0.061	21	0.061	21
	内蒙古	0.058	22	0.058	22
	江西	0.055	23	0.055	23
	云南	0.051	24	0.051	24
	四川	0.051	25	0.051	25
	湖南	0.049	26	0.049	26
	重庆	0.049	27	0.049	27
	陕西	0.047	28	0.047	28
	安徽	0.047	29	0.047	29
	贵州	0.028	30	0.028	30

（六）贫困地区生态环境城乡差异大于非贫困地区

贫困地区生态环境共享度指标均值为 0.021，而非贫困地区的生态环境共享度指标均值为 0.039，贫困地区生态环境城乡差异大于非贫困地区。而且从指标得分的省域排名来看，除江苏、广东、海南三省排名在前 10 名以外，非贫困地区的其余六省排名均在前 10 名以外，得分较高。生态环境共享度有资源与环境两个二级指标。非贫困地区的资源指标均值为 0.023，而贫困地区的资源指标均值为 0.018，非贫困地区资源人均拥有量城乡差距明显略低于贫困地区；而从环境指标来看，非贫困地区的指标得分为 0.16，贫困地区的平均得分仅为 0.003，说明非贫困地区投入到环境保护的财政支出的城乡差距远小于贫困地区。具体指标见表 3-12。

表 3-12　生态环境共享度贫困地区与非贫困地区城乡差距对比

城乡		生态环境共享度		二级指标			
				资源		环境	
		指标值	排名	指标值	排名	指标值	排名
非贫困地区均值		0.039	5	0.023	12	0.016	2
贫困地区均值		0.021	19	0.018	17	0.003	17
非贫困省份	上海	0.083	1	0.020	14	0.063	1
	天津	0.073	2	0.063	1	0.011	6
	山东	0.047	3	0.035	3	0.012	5
	北京	0.037	5	0.030	5	0.007	11
	浙江	0.034	7	0.024	11	0.010	7
	福建	0.033	9	0.019	16	0.014	2
	江苏	0.024	16	0.010	21	0.014	3
	广东	0.013	23	0.008	25	0.006	13
	海南	0.009	27	0.001	29	0.008	10
贫困省份	云南	0.041	4	0.041	2	0.000	29
	河南	0.035	6	0.029	7	0.006	12
	黑龙江	0.034	8	0.033	4	0.000	28
	辽宁	0.033	10	0.029	6	0.003	17
	山西	0.029	11	0.025	10	0.004	16
	重庆	0.029	12	0.027	8	0.001	22
	内蒙古	0.028	13	0.023	12	0.004	14

续表

城乡		生态环境共享度		二级指标			
				资源		环境	
		指标值	排名	指标值	排名	指标值	排名
贫困省份	吉林	0.027	14	0.027	9	0.001	25
	江西	0.025	15	0.022	13	0.002	19
	湖南	0.022	17	0.010	22	0.013	4
	河北	0.022	18	0.019	15	0.002	20
	安徽	0.020	19	0.012	20	0.008	9
	陕西	0.019	20	0.018	17	0.002	21
	贵州	0.019	21	0.015	18	0.004	15
	湖北	0.016	22	0.008	26	0.009	8
	甘肃	0.013	24	0.013	19	0.000	26
	青海	0.011	25	0.008	24	0.003	18
	新疆	0.010	26	0.010	23	0.000	30
	宁夏	0.004	28	0.004	27	0.000	27
	广西	0.002	29	0.001	28	0.001	23
	四川	0.001	30	0.000	30	0.001	24

第三节 结论与建议

一、非贫困地区共享发展程度优于贫困地区，城乡发展差距也相对较小

本书利用了两套指标体系来反映省际之间共享发展的差异以及各省城乡均衡程度水平。从两个地区两套指标体系的得分上来看，贫困地区均低于非贫困地区，说明贫困地区的共享发展程度远远低于非贫困地区，贫困地区城乡差距相比非贫困地区而言也更为突出。

基于以上情况，目前贫困地区仍是我国提升共享发展水平的重点，而贫困地区的农村更是重中之重。两种指标体系的五个维度，贫困地区大部分落后于非贫困地区，可以说共享发展任重道远，需要对贫困地区全方位的帮扶。

二、贫困地区社会保障共享水平与非贫困地区相差不大，但贫困地区城乡仍有差距

从数据来看，贫困地区社会保障共享水平虽略差于非贫困地区，但两类地区的差异并不突出。但考虑到非贫困地区经济发达，占有的教育、医疗、科技资源远高于贫困地区，所以两地区的社会保障共享得分虽差距不大，但非贫困地区共享质量要远高于贫困地区，我国对贫困地区的社会保障支持仍需要进一步提升。

此外，从两类地区城乡保障的差距来看，贫困地区城乡差距仍然较大，考虑到与非贫困地区社会保障在质量上的差距，贫困地区农村的社会保障水平仍有不足。

从当前实际来看，提升贫困地区共享发展水平的重点仍在于对贫困地区的社会保障质量的改善。这就需要，一方面，国家继续加大对贫困地区的医疗、健康、教育、科技发展的支持力度，提高整个贫困地区的社会保障质量；另一方面，国家在提升贫困地区社会保障质量的同时，兼顾贫困地区城乡之间的发展差距，把更多的资源向农村地区倾斜，逐渐改善贫困地区农村的社会保障质量。

三、贫困地区的公共服务水平整体落后于非贫困地区，城乡差距两地区都不容乐观

从全国范围来看，无论是基础设施，还是教育、科技、文体等指标，得分前几名基本集中在北京、上海、浙江、江苏等几个省市，贫困地区诸如贵州、云南、四川和河南等省份全面落后非贫困地区。同时，贫困地区农村的人均受教育年限也明显低于贫困地区城市人口、非贫困地区城市和农村人口。而从城乡差距角度来看，非贫困地区公共服务协调度虽同样优于贫困地区，但平均得分并不高，非贫困地区的公共服务城乡差距同样严重。

首先，作为地方经济发展的重要一环，贫困地区的公共服务水平（基础设施、教育、科技、文体）仍有待提高。从经济发展的角度来看，贫困地区原有经济发展水平低，本身对高素质人才与投资的吸引力较弱，若公共服务得不到改善，则将更加不利于人才与资金的进入。因此，继续加大贫困地区公共服务投资，改善贫困地区公共服务水平势在必行。其次，与贫困地区相似，农村地区对人才与资金的吸引力先天不足，农村的公共服务水平与城市地区有较大差距，而这种现象在贫困地区尤甚，国家仍然需要给贫困地区农村的发展进行政策倾斜，

尤其是加强对贫困地区的基础教育、教育的投资力度,阻断贫困的代际传递。

四、贫困地区资源禀赋优于非贫困地区,但仍需要科学合理开发

从共享发展省际评价体系来看,贫困地区生态环境共享度领先非贫困地区,这主要得益于贫困地区拥有丰富的自然资源。联系现实情况,贫困地区尤其是大部分西部省区矿产资源丰富,禀赋优势明显,但受环境承载力限制,大量资源无法得到有效开发。即使部分资源得到开发利用,但资源开发的水平低、科技含量不足,开发收益也往往无法覆盖到普通群众。因此形成了贫困地区自然资源丰富,但是经济发展水平不足,贫困地区城乡生态环境共享度差异大于非贫困地区的现象。

从这个角度来看,贫困地区仍需要在自然资源的科学合理利用、采取措施提升环境承载力方面做出努力。第一,要坚持对资源进行保护性开发,避免走"先污染后治理"的老路,积极利用新技术、新方法减少对环境的破坏,在环境承载力允许的范围内利用资源;第二,坚持资源开发是为了发展,是为了改善资源所在地的民生,将资源开发所得用于改善当地的生产生活条件;第三,充分发掘民族地区、边远地区特有的文化、风土民俗,发展文化旅游、特色旅游,避免矿产资源等自然资源开发殆尽后丧失地区发展的源动力。

五、部分省份共享发展水平总体比较落后,与脱贫攻坚结合程度不够,与全国其他省份已经拉开了相当的差距

中西部地区许多省份经济发展水平不足,脱贫攻坚任务较重,在以上两个指标体系中的得分均不高,在共享发展方面,这些省份与东部地区9个省份之间尚存在不小差距。脱贫攻坚战略的实施为中西部贫困地区提供大量的资金和物质支持,贫困地区应该充分结合脱贫攻坚战略,将资源向贫困地区和农村地区倾斜,逐步缩小城乡、地区经济发展差距,实现经济发展成果的共享,提高共享水平。

第四章

三大区域共享发展指数比较

区域经济发展战略是国家对一定区域内经济、社会发展有关全局性、长远性、关键性的问题所做的筹划和决策。新中国成立以来,我国的区域经济发展战略经历了均衡—非均衡—均衡的不断演变,形成了东、中、西部协调发展的区域经济发展战略。党的十八大以来,以习近平同志为核心的党中央做出经济发展进入新常态的重大判断,形成以新发展理念为指导、以供给侧结构性改革为主线的政策框架,贯彻稳中求进工作总基调,引领我国经济持续健康发展。自2014年,习近平总书记在中央经济工作会议上提出要重点实施"一带一路"建设、京津冀协同发展、长江经济带三大规划,实现跨越行政区划、促进区域协调发展以来,我国已经形成了以三大战略为支撑,统筹东中西部发展、统筹国内发展和对外开放的经济发展新格局。

本书的东中西部的区域划分是:东部地区包括北京、天津、河北、辽宁、上海、江苏、浙江、福建、山东、广东、海南、吉林、黑龙江等13个省市;中部地区包括安徽、江西、河南、山西、湖南、湖北等6个省;西部地区内蒙古、广西、重庆、四川、贵州、云南、陕西、甘肃、青海、宁夏、新疆等11个省市自治区。

本章根据"共享发展指数测算结果(共享发展和城乡共享维度)"的一级、二级指标的测度标准,利用2018年各省(区、市)相关数据,从东中西部三大区域的共享发展指数方面和城乡共享发展指数方面,对我国东部、中部、西部三大区域进行相关指标的比较和说明。

第一节 三大区域共享发展指数省际比较

本节根据"中国共享发展指数指标体系"相关数据,对三大区域的共享发展指数省际总体、经济发展分享度、社会保障公平度、公共服务均等度、减贫脱贫实现度、生态环境共享度等方面进行比较说明，并在本区域中进行比较和排名，以清晰呈现同一区域内部各省市自治区的发展和共享情况。

一、三大区域共享发展指数省际总体比较

改革开放以来，东部发展速度不断加速，与中部和西部地区逐渐产生差距并不断扩大，东部地区经济社会在各方面取得了全方位发展，各项共享发展指标均处于前列。总体上看，一方面，三大区域共享发展指数逐次递减，其中东部地区共享发展指数最高，中部居中，西部最差。另一方面，各区域内部的经济共享水平也具有一定的差距（见表4-1）。

表4-1　　　　　三大区域共享发展指数省际总体比较

区域	省区	共享发展指数（区域）		区域	省区	共享发展指数（区域）	
		指标值	排名			指标值	排名
东部	北京	0.712	1	西部	新疆	0.477	5
	上海	0.560	2		内蒙古	0.426	10
	江苏	0.512	3		重庆	0.379	14
	浙江	0.503	4		宁夏	0.365	18
	山东	0.464	6		广西	0.355	19
	福建	0.456	7		陕西	0.352	21
	广东	0.443	8		青海	0.341	23
	天津	0.443	9		四川	0.332	25
	海南	0.399	12		贵州	0.295	28
	河北	0.390	13		云南	0.275	29
	辽宁	0.378	15		甘肃	0.241	30
	黑龙江	0.353	20				
	吉林	0.315	27				
中部	湖北	0.418	11				
	江西	0.373	17				
	湖南	0.373	16				
	安徽	0.352	22				
	山西	0.341	24				
	河南	0.327	26				

(一) 东部地区共享发展指数内部差异较大，北京、上海、江苏等地遥遥领先

东部地区，共享发展指数内部差异较大，甚至可以说呈现一边倒的"两极分化"现象。共享发展指数前 10 名，东部地区占了 8 个。依次分别为北京、上海、江苏、浙江、山东、福建、广东、天津。而共享发展指数后 10 名，东部地区占了 2 个，依次是黑龙江和辽宁。且在东部地区内部，共享发展指数呈现较大差距。东部地区省际共享发展指数的平均值是 0.456，北京地区的共享发展指数是 0.712，明显拉高了东部地区的省际共享发展指数，而排名较靠后的海南、河北、辽宁、黑龙江、吉林，共享发展指数均小于 0.4，明显拉低了省级区域共享发展指数。

(二) 中部地区省际共享发展指数平均，略低于全国平均水平

中部地区省际共享发展指数较平均，中部地区省际共享发展指数的平均值是 0.364，除湖北外，其他省区均低于全国的共享发展指数省际平均数 0.398，总体上在 20 名左右，而山西、河南则明显落后于中部其他地区（见图 4-1）。

(三) 西部地区省际共享发展指数落后，内部差异较大

西部地区省际共享发展指数整体水平较低，平均值为 0.349，低于全国平均水平 0.398。具体来看，排名较靠前的新疆、内蒙古等地高于全国省际共享发展指数平均水平，特别是新疆，排名在全国第 5 位。而贵州、云南、甘肃位列全国倒数，特别是甘肃省，位于全国倒数第一。这与西部地区生态环境脆弱、工业产业经济发展滞后、贫困地区普遍有关，囿于自然条件、人文素质等因素，西部地区共享发展指数整体比较落后，科、教、文、卫等公共服务均等化水平普遍不高。

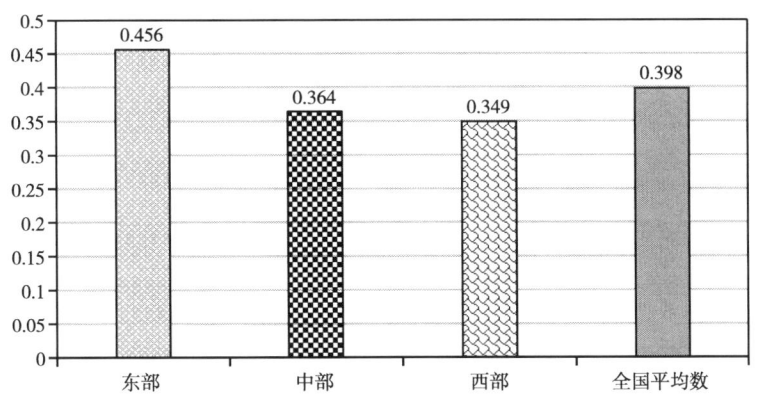

图 4-1 三大区域共享发展指数省际对照

注：数据为三大区域中各（省、市）指标值的算数平均值。

二、三大区域经济发展分享度测算及分析

从经济发展分享度的区域分布来看,经济发展分享度总体呈现中部较好、东部居中、西部偏低的局面。

(一)经济增长指标对东部经济发展分享度贡献高,各地区内部差异较大

东部地区经济发展分享度远高于全国平均水平。具体来看,东部地区经济发展分享度比全国平均水平高1.2%,其中经济增长指标比全国平均水平高1.2%,就业指标比全国平均水平低0.1%。可见,东部地区的经济增长指标对东部经济发展分享度的拉动最大,对共享发展指数的贡献最为突出。

就东部各省区内部情况来看,东部整体经济发展分享度高于全国平均水平(见图4-2),但内部存在很大差异。全国经济发展分享度前3名的北京、天津、上海均位于东部地区,尤其是北京、上海明显拉升了东部地区的经济发展分享度水平;在东部地区,低于全国平均水平的有广东、黑龙江、海南3省,特别是黑龙江、海南省排名全国第20位、22位,位次较低。二者明显拉低了东部地区的经济发展分享度。河北2018年经济发展分享度上升较快,从2017年的第30名上升至第6名,但经济发展分享度与毗邻的北京、天津差距仍然较大,可见离京津冀区域协同发展的目标仍存在较大差距。

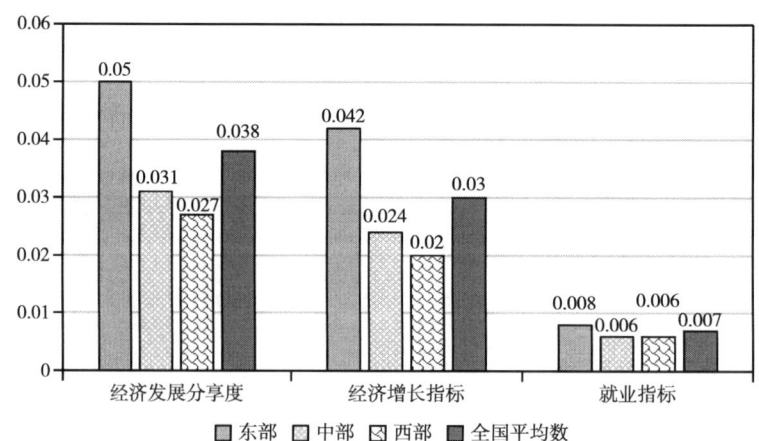

图4-2 中国三大区域经济发展分享度比较

（二）中部地区经济发展分享度低于平均水平，经济发展活力有待提升

中部地区经济发展分享度略低于全国平均水平。从分指标来看，经济发展分享度比全国平均水平低0.7%，经济增长指标比全国平均水平低0.6%，就业指标比全国平均水平低0.1%。

从中部地区内部各省情况看，湖北、江西、湖南高于或与全国平均水平持平，河南、安徽、山西低于全国平均水平，只有山西省处于共享经济发展分享的后10位。中部地区整体经济发展分享度居中、不突出，经济发展分享度活力有待进一步提升。具体指标见表4-2。

表4-2　中国三大区域经济发展分享度内部差异分析

区域	省区	指标值	排名	区域	省区	指标值	排名
东部	北京	0.112	1	西部	宁夏	0.05	5
	天津	0.077	2		新疆	0.037	15
	上海	0.071	3		广西	0.031	18
	江苏	0.052	4		甘肃	0.031	17
	河北	0.047	6		青海	0.03	19
	福建	0.044	7		陕西	0.029	21
	吉林	0.042	9		内蒙古	0.025	23
	辽宁	0.039	12		重庆	0.019	26
	浙江	0.039	10		贵州	0.016	27
	山东	0.039	13		云南	0.015	29
	广东	0.034	16		四川	0.012	30
	黑龙江	0.029	20				
	海南	0.028	22				
中部	湖北	0.043	8				
	江西	0.039	11				
	河南	0.037	14				
	山西	0.025	24				
	安徽	0.024	25				
	湖南	0.016	28				

（三）经济增长缓慢及发展条件受限，制约西部地区经济发展分享度

从指标看西部地区的经济发展分享度最低。其中，二级指标经济增长指标比

全国平均水平低1%,就业指标比全国平均水平低0.1%。一级指标经济发展分享度比全国平均水平低1.1%。可见,经济增长指标相对较低是造成西部地区经济发展分享落后的重要原因。

就西部地区内部情况看,经济发展分享度整体较低,除宁夏地区外,总体上内部差异不明显。陕西、内蒙古、重庆、贵州、云南、四川6省份位于经济发展分享度的后10位。因此,提高西部地区的整体经济发展水平刻不容缓,经济增长速度缓慢以及客观的发展条件受限,直接制约着西部地区经济发展分享度的水平。

三、三大区域社会保障公平度测算及分析

通过相关指标测算发现,就社会保障程度来说,中部地区社会保障公平度最高,东部略低,西部最低(见图4-3)。这与传统意义上我们认为东部地区经济发展较快,因而社会福利水平较高有所不同。

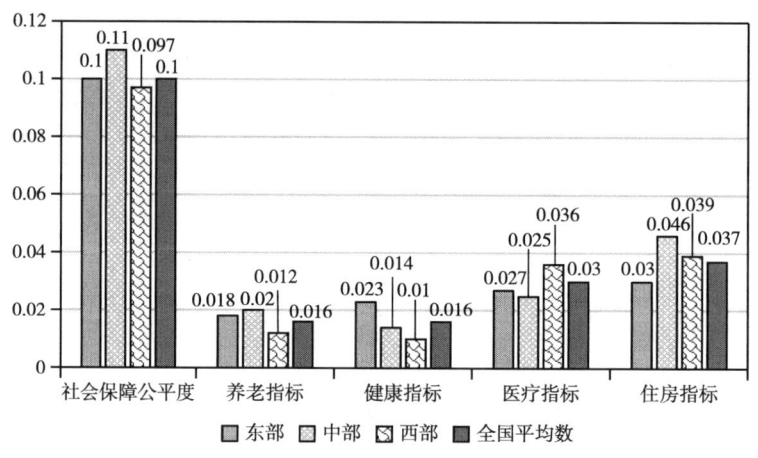

图4-3 中国三大区域社会保障公平度对照

(一)医疗指标和住房指标低迷造成东部地区社会保障公平度较低

东部地区的社会保障公平度,在三大区域中较低,低于全国平均水平的地区,仅仅比西部地区高1%。主要表现为医疗指标和住房指标的低迷,直接拉低了东部地区的社会保障公平度。东部地区整体经济发展较快、人口多,一系列的住房限购政策和人均住房面积狭小导致住房指标降低,医疗指标低的原因主要由于人口基数大,尽管有多家医院集中了先进的医疗条件,但人均医疗占有量仍然

相对较低。东部地区的健康指标最高，人均预期寿命最长；养老指标略高于全国平均水平。

东部地区的社会保障公平指数整体较低，除北京、上海、浙江、山东、辽宁、江苏、广东等省份的社会保障公平指数高于全国平均水平，其余省份均低于全国平均水平，尤其海南、天津分别为全国倒数第2、倒数第1（见表4-3）。可见经济发展分享度与社会保障公平度并不呈正比，最大的差距在天津，天津经济发展分享度第2、社会保障公平度倒数第1。

表4-3　　　　　　中国三大区域社会保障公平度内部差异分析

区域	省份	指标值	排名	区域	省份	指标值	排名
东部	北京	0.176	1	西部	陕西	0.128	4
	上海	0.13	3		四川	0.118	7
	浙江	0.118	6		重庆	0.113	9
	山东	0.114	8		贵州	0.111	10
	辽宁	0.109	11		新疆	0.099	15
	江苏	0.109	12		宁夏	0.092	17
	广东	0.102	14		青海	0.09	20
	黑龙江	0.098	16		内蒙古	0.088	21
	福建	0.087	22		广西	0.08	24
	河北	0.075	26		云南	0.079	25
	吉林	0.073	27		甘肃	0.067	28
	海南	0.067	29				
	天津	0.043	30				
中部	湖南	0.139	2				
	湖北	0.125	5				
	河南	0.107	13				
	山西	0.092	18				
	安徽	0.091	19				
	江西	0.081	23				

（二）中部地区各省的社会保障公平度均高于全国平均水平

中部地区的社会保障公平度最高，高于全国平均水平的1%，突出表现为养老指标和住房指标水平高。中部地区的医疗指标最低。中部地区各省区的社会保障公平度指数均高于全国平均水平，尤其湖南、湖北分为处于第2位和第5位。

(三) 西部地区社会保障水平最低，处于低水平的社会保障公平

西部地区的社会保障水平居中，医疗指标是唯一一个优于全国平均水平的地区。西部地区健康指标最低，人均平均寿命最短。西部地区社会保障公平度最低，陕西、四川、重庆、贵州等省份社会保障公平度高于全国平均水平，但西部地区是低水平的社会保障公平，基础设施落后、医疗硬件和人才欠缺、生态环境脆弱都使得西部地区整体处于低水平的社会保障公平。

四、三大区域公共服务均等度测算及分析

在公共服务方面，东部凭借强大的经济实力使得公共服务水平远远超过中部和西部地区，且西部地区略高于中部地区。但仅有东部地区的公共服务均等化高于全国平均水平，中部与西部地区均低于全国平均水平（见图4-4）。就公共服务的具体指标方面，各项指标排名也存在一定差异。

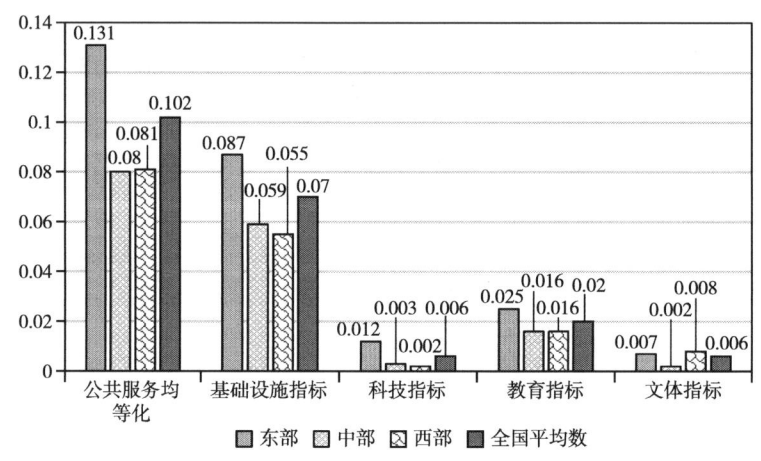

图4-4 中国三大区域公共服务均等化对照

(一) 东部地区科技、基础设施、教育、文体均高于中西部，但各省内部差异大

东部地区整体上公共服务均等化水平最高，并且各项二级指标均高于全国平均水平。其中，科技指标、基础设施指标、教育指标、文体指标东部地区均处于第1位。东部地区高科技企业集聚，政府用于科技方面财政投入多，享有优质的教育资源和教育硬件设施，大量人才向东部地区流动，人均整体素质相对较高。

但从区域内部来看，东部地区公共服务均等化水平呈现两极分化趋势，各省（市）之间差异较大。北京、上海、天津、浙江、江苏分别居于第1、第2、第3、第5和第6位（见表4-4）。河北公共服务均等化水平低于全国平均水平。

（二）中部地区各项指标均低于全国平均水平，各省内部差异小

值得一提的是，中部地区公共服务均等化水平低于东部和西部地区。且基础设施、科技、文体、教育等二级指标均低于全国平均水平，甚至在文体指标方面落后于西部地区，居于末位，可见中部省份在基础设施、科技、教育、文体等方面的建设和均等化水平有待进一步加强。

从内部来看，中部地区的公共服务均等化水平内部差异较小，仅有河南省处于倒数第一的位置。仅有山西略高于全国平均水平，其余各省均低于全国平均水平。

表4-4 中国三大区域公共服务均等化指数内部差异分析

区域	省份	指标值	排名	区域	省份	指标值	排名
东部	北京	0.221	1	西部	新疆	0.172	4
	上海	0.195	2		内蒙古	0.116	9
	天津	0.176	3		宁夏	0.095	16
	浙江	0.158	5		重庆	0.086	18
	江苏	0.138	6		广西	0.077	20
	广东	0.134	7		陕西	0.076	21
	山东	0.124	8		青海	0.071	24
	福建	0.108	10		甘肃	0.061	26
	海南	0.108	11		贵州	0.047	27
	辽宁	0.107	12		云南	0.045	28
	河北	0.096	15		四川	0.041	29
	黑龙江	0.072	23				
	吉林	0.069	25				
中部	山西	0.103	13				
	湖北	0.098	14				
	安徽	0.094	17				
	江西	0.08	19				
	湖南	0.072	22				
	河南	0.034	30				

(三) 西部地区公共服务均等化水平略有提升,文体指标贡献最大

西部地区的公共服务均等化水平居于第 2 位,略高于中部地区。其中二级指标基础设施指标、科技指标居于末位,西部地区的基础设施建设滞后严重影响着西部地区的公共服务均等化水平的提高,西部地区自然地理条件差,路、水、电等基础设施建设仍是下一步工作重点。国家开展"西部计划"等政策,引入教育资源进入西部地区,加大对西部地区的教育投入和文体投入,西部地区的文体指标和教育指标高于或与中部地区持平。

就内部来看,除新疆、内蒙古地区位列全国前 10,高于全国平均水平外,西部地区其余各省份公共服务均等化水平差异不大,且整体靠后,均低于全国平均水平。特别是地理条件差、贫困多发省份地区,公共服务均等化水平呈现较低水平。

五、三大区域减贫脱贫实现度测算及分析

随着东部沿海省份(北京、天津、上海、辽宁、山东、江苏、浙江、福建、广东)经济社会发展,国家取消了这几个沿海省市的国家级贫困县,因此东部的减贫速度取得了长足发展,脱贫实现度实现了跨越(见图 4-5)。

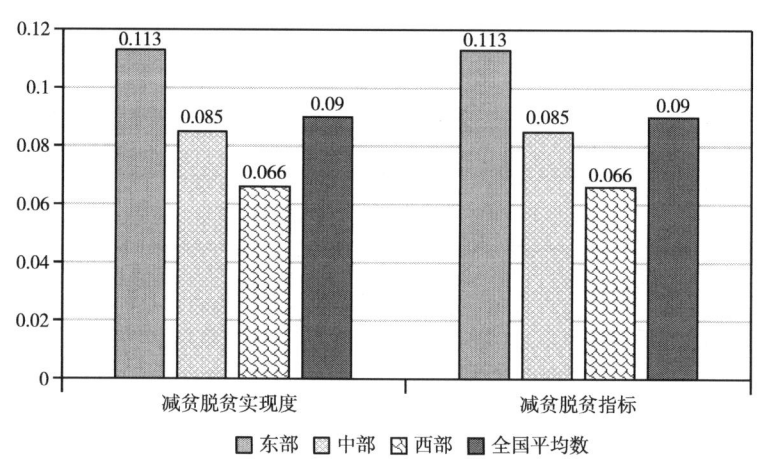

图 4-5 中国三大区域减贫脱贫实现度对照

(一) 东部地区减贫脱贫实现度高,辽宁减贫脱贫能力有待加强

东部地区的减贫脱贫实现度最好,高于全国平均水平。东部地区的减贫脱贫

实现度各省份比较靠前，减贫脱贫实现度前 10 名中，东部地区占 9 个，东部地区的 11 个省份中只有辽宁省的减贫脱贫实现度低于全国平均水平（见表 4-5）。

表 4-5　　　　　中国三大区域减贫脱贫实现度指数内部差异分析

区域	省份	指标值	排名	区域	省份	指标值	排名
东部	江苏	0.155	1	西部	四川	0.097	12
	福建	0.137	2		广西	0.096	13
	山东	0.13	3		重庆	0.089	16
	浙江	0.127	4		内蒙古	0.074	21
	北京	0.122	6		宁夏	0.06	24
	广东	0.122	5		新疆	0.059	25
	上海	0.119	7		云南	0.058	26
	海南	0.115	8		陕西	0.055	27
	天津	0.112	9		甘肃	0.053	28
	河北	0.1	11		贵州	0.052	29
	辽宁	0.077	19		青海	0.036	30
中部	江西	0.103	10				
	河南	0.094	15				
	湖北	0.094	14				
	黑龙江	0.089	17				
	安徽	0.081	18				
	湖南	0.076	20				
	吉林	0.067	22				
	山西	0.06	23				

从原因来看，东部地区经济发展水平高、工业基础条件好、区域间协同合作能力强，且贫困发生率低，因此东部地区的减贫脱贫实现度最高；但辽宁省面临产业的升级和转型，淘汰旧产能、提升发展质量和空气的清洁度成为发展的重点，因而导致在减贫脱贫工作上的投入力度不大，减贫实现度不高。

（二）中部与西部地区的减贫脱贫实现度内部差异小，低于全国平均水平

中部与西部地区的减贫脱贫实现度均低于全国平均水平。随着精准扶贫精准脱贫政策的持续推进，中西部脱贫减贫工作已经取得巨大成效。剩余贫困人口大多分布在一些攻坚难度大的深度贫困、集中连片贫困地区，而这些地区大都位于

西部地区，因此西部地区减贫脱贫实现度低。未来我们仍需要进一步提升西部地区帮扶力度，同时帮助西部地区转变思想、开拓产业、因地制宜实施精准脱贫，这样才能有助于提高西部地区的减贫脱贫指标。

中部地区的减贫脱贫实现度内部差异较小，各省份排名居中，但中部地区仅有江西、河南、湖北3省份的减贫脱贫实现度高于全国平均水平。西部地区的减贫脱贫实现度内部差异小，各省份排名靠后。仅有四川、广西2省（区）的减贫脱贫实现度高于全国平均水平，并且减贫脱贫实现度后7名的省（区）全部位于西部地区，依次是宁夏、新疆、云南、山西、甘肃、贵州、青海，可见西部地区在减贫脱贫方面仍面临较大压力。

六、三大区域生态环境共享度测算及分析

生态环境对于国家实施可持续发展战略具有重要意义。伴随国家退耕还林、退耕还草、湿地保护与恢复等一系列重大生态建设工程实施，西部的生态环境建设取得较大进步，生态环境共享度超越了中部和东部地区。

（一）东部地区人均资源量少直接制约其生态环境共享度

东部地区由于人口基数大，总量一定的情况下，人均耕地面积、林地面积、水资源量都比较低，这是造成东部地区的生态环境共享度不高的直接原因；尽管环境指标高、环保支出多，东部地区的生态环境共享度仍然受到影响，低于全国平均水平。

具体来看（见图4-6），东部地区内部的生态环境共享指数差异较大，北京、福建、海南、河北4省（市）高于全国平均水平，其余7省（市）均低于全国平均水平。东部地区工业发达，工业用地多，如天津、上海等省份由于水资源量、人均耕地面积和林地面积较少，使得生态环境共享指数较低。

（二）中部地区生态环境共享度低，环境指标和资源指标均不占优势

中部地区人口较密集，资源丰富程度较低，因而人均资源占有量较少；同时由于财政能力有限，环保投入和支出较少、污染治理能力相对较弱，环境指标较低。因而中部地区生态环境共享度略高于东部，远低于西部和全国平均水平。从各省情况来看，中部地区内部的生态共享发展指数差异不大，安徽、山西、湖北、河南4省均低于全国平均水平，中部地区整体生态共享发展水平不高（见表4-6）。

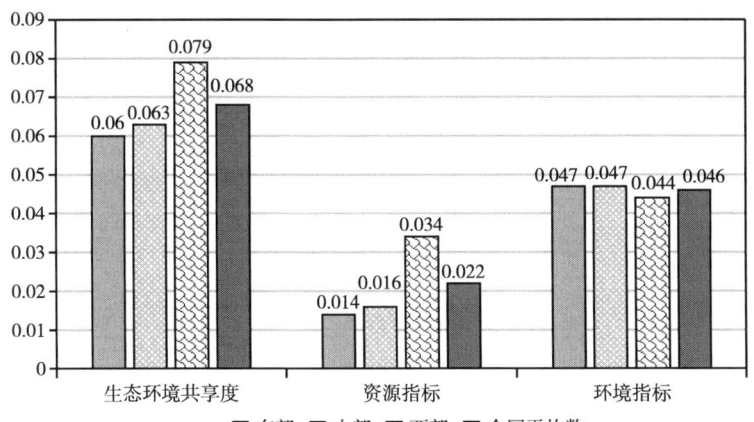

图4-6 中国三大区域生态环境共享度对照

表4-6　　　中国三大区域生态环境共享度指数内部差异分析

区域	省区	指标值	排名	区域	省区	指标值	排名
东部	北京	0.081	4	西部	内蒙古	0.122	1
	福建	0.08	6		青海	0.114	2
	海南	0.08	5		新疆	0.11	3
	河北	0.071	10		云南	0.079	7
	浙江	0.06	21		广西	0.072	9
	江苏	0.059	22		重庆	0.072	8
	山东	0.056	24		贵州	0.069	13
	广东	0.052	26		宁夏	0.069	14
	辽宁	0.045	27		陕西	0.065	15
	上海	0.044	28		四川	0.064	18
	天津	0.035	29		甘肃	0.029	30
中部	湖南	0.07	11				
	江西	0.069	12				
	黑龙江	0.065	16				
	吉林	0.064	17				
	安徽	0.062	19				
	山西	0.061	20				
	湖北	0.058	23				
	河南	0.055	25				

(三) 西部地区生态资源保护为中东部地区可持续发展助力

生态环境共享度方面，西部地区明显好于东部和中部。西部地区为保护生态环境付出了巨大成本，坚守生态屏障，保护自然资源和生态环境的天然禀赋，为中部和东部地区的可持续发展提供了有利条件。

具体来看，西部地区内部的生态环境共享指数差异较大，11个省（区、市）中8个省区高于全国平均水平，内蒙古、青海、新疆、云南、广西、重庆6省（区、市）居于全国前10名，其中内蒙古0.122位居全国第1名，青海省0.114位居第2位，远高于全国的平均水平0.068，拉高了西部地区的生态环境共享发展指数。西部地区的特例甘肃省0.029依然是西部地区唯一一个位于后10名的（倒数第一）。这与甘肃省环境状况差有关，制约了西部地区环境指标提升，进而制约了生态环境共享度的提升。

第二节 三大区域城乡共享发展指数比较

推进城乡公共服务均等化、统筹城乡发展是2020年之后国家发展的重点战略目标。城乡发展一体化、城乡资源共享也是缩小城乡差距的重要内容。结合2018年统计数据来看，东中西部在城乡共享发展方面存在着一定差异。

本节从区域内部城乡共享发展相关比较的视角，采用"中国城乡共享发展指数评价体系"，测算了三大区域城乡间的共享发展指数省际总体、经济发展分享度、社会保障公平度、公共服务均等度、减贫脱贫实现度、生态环境共享度等指标。

一、三大区域共享发展指数城乡总体比较

从整体上看（见图4-7），东、中、西部的城乡共享发展指数依次递减。东部最高、中部居中、西部最低，且东部和中部地区的城乡共享发展指数均高于全国平均水平。西部地区仍是当下区域发展的短板，只有进一步推进西部地区经济、文化、教育、公共服务等各项事业可持续发展，才能破解区域发展不平衡的难题，实现全面建成小康社会和乡村振兴。

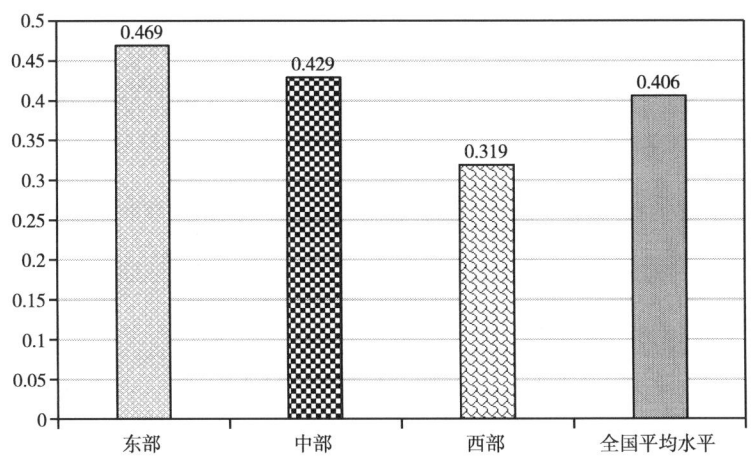

图4-7 三大区域城乡共享发展分享度对照

（一）东部地区城乡共享发展指数最高，但辽宁省拉低东部地区指数

东部地区的城乡共享发展指数高于全国平均水平6.3%，高于西部地区15%，东部地区经济发展速度快、质量高，基础设施完善，社会保障水平高等使得东部地区城乡共享发展指数最高。

从内部来看，东部地区的城乡共享发展指数内部差异在三大区域中较大，指数整体靠前，前5名上海、福建、江苏、浙江、天津全部位于东部地区，11个省中10个省都高于全国平均水平。但辽宁位于第23位（见表4-7），城乡共享发展指数低于全国平均水平，且较去年位次都有降低。可以说，辽宁省拉低了东部地区的城乡共享发展指数。

（二）中部地区的城乡共享发展指数不断提升，内部差异不明显

总体上看，中部地区的城乡共享发展指数居中且高于全国平均水平。由于经济发展分享度和社会保障公平度的提升，中部地区的城乡共享发展指数在不断提升。

中部地区的城乡共享发展指数内部差异最小，极差为0.115，除湖北省外，其余各省的城乡共享发展指数均高于全国平均水平。因此，中部地区应不断创新、引进人才、开发新技术，促进经济转型，推动向高质量的经济发展方式转变。

表4-7　　　　　　　　三大区域城乡共享发展指数及排名

区域	城乡	共享发展指数（城乡）		区域	城乡	共享发展指数（城乡）	
		指标值	排名			指标值	排名
东部	上海	0.701	1	西部	陕西	0.373	18
	福建	0.526	2		重庆	0.367	19
	江苏	0.524	3		广西	0.364	20
	浙江	0.515	4		云南	0.358	21
	天津	0.509	5		四川	0.328	24
	北京	0.493	7		甘肃	0.318	25
	河北	0.458	8		内蒙古	0.296	26
	山东	0.446	10		贵州	0.294	27
	海南	0.427	12		新疆	0.29	28
	广东	0.425	13		宁夏	0.266	29
	辽宁	0.344	23		青海	0.253	30
中部	安徽	0.495	6				
	江西	0.449	9				
	河南	0.429	11				
	山西	0.411	14				
	湖南	0.409	15				
	湖北	0.38	16				
	吉林	0.375	17				
	黑龙江	0.354	22				

（三）西部地区城乡共享发展指数较低，严重滞后

西部地区城乡共享发展指数严重滞后，低于全国平均水平8.7%，城乡经济发展水平、城乡社会保障公平度、公共服务均等化水平等落后，西部地区城乡发展不平衡程度最高。

从内部来看，西部地区11个省的城乡共享发展指数内部差异不大，全部低于全国平均水平，整体落后。其中，城乡共享发展指数后7位全部处于西部地区。因此，西部地区仍是未来经济社会发展的关键区域，推动东西部协作以及区域协调发展，同时提升自身发展能力，成为三大区域协调发展的有利路径。

二、三大区域城乡经济发展分享度测算及分析

区域城乡经济发展分享度指标主要通过收入与支出、就业等二级指标进行测算。从经济发展分享度来看，中部地区的城乡经济发展分享度最高，东部居中、西部最差。中部和东部地区的城乡经济分享度高于全国平均水平，西部地区低于全国平均水平。从二级指标收入与支出指标来看，东部最高，中部紧随其后，西部明显滞后。从就业指标来看，东部最差，中部最优，西部地区略低于中部地区。

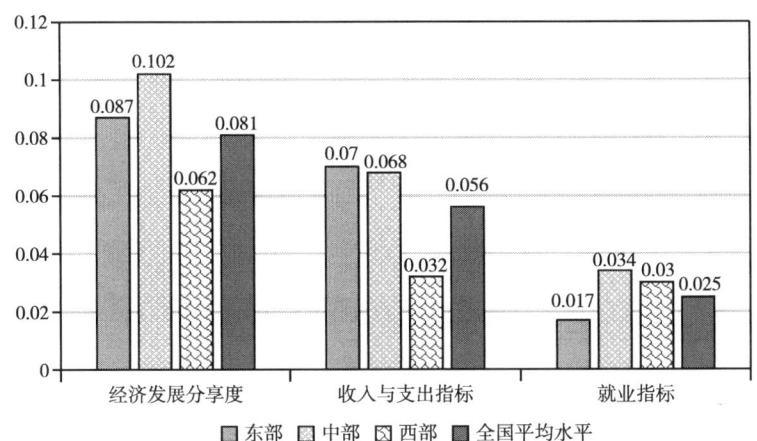

图 4-8 三大区域城乡经济发展分享度对照

（一）就业指标拉低东部地区城乡经济发展分享度

总体上看，东部地区城乡经济发展分享度居中，主要受就业指标的影响，城乡就业人数之比差距大造成东部地区的城乡经济发展分享度较低。只有缩小城乡就业人数的差距，吸引农村劳动力就业，才能提升东部地区城乡经济分享度。

从内部来看，东部地区各省份城乡经济发展分享度差异较大，呈现两极分化，极差为 0.085。其中，河北、天津、浙江 3 省在全国的前 10 名；北京、辽宁、广东则处于倒数后 10 位（见表 4-8）。

表 4-8　　三大区域城乡经济发展分享度内部差异分析

区域	城乡	指标值	排名	区域	城乡	指标值	排名
东部	河北	0.134	1	西部	四川	0.106	6
	天津	0.12	4		重庆	0.079	16
	浙江	0.114	5		广西	0.077	17
	江苏	0.096	11		内蒙古	0.074	18
	福建	0.094	12		云南	0.072	19
	海南	0.084	14		宁夏	0.067	21
	山东	0.068	20		陕西	0.049	25
	上海	0.064	22		青海	0.046	27
	北京	0.054	23		新疆	0.038	28
	辽宁	0.052	24		贵州	0.037	29
	广东	0.049	26		甘肃	0.034	30
中部	安徽	0.123	2				
	河南	0.12	3				
	江西	0.105	7				
	湖北	0.1	9				
	黑龙江	0.102	8				
	吉林	0.097	10				
	湖南	0.084	13				
	山西	0.081	15				

（二）中部地区城乡经济发展分享度高且内部差异小

总体上看，中部地区的城乡经济发展分享度最高，且内部差异小，整体靠前。安徽、河南、江西、湖北、黑龙江、吉林 6 省位于前 10 名，各省城乡经济发展分享度均不低于全国平均水平。这不仅得益于城乡就业人数的均衡，城乡家庭人均可支配收入和消费支出的均衡也提升了中部地区的高分享度。

（三）收入与支出指标制约西部地区城乡经济发展分享度

西部地区的低城乡经济发展分享度主要受二级指标收入与支出指标影响，城乡居民家庭人均可支配收入比、消费支出比较低，劳动技能缺乏低、资金来源渠道窄、收入不稳定等因素，制约了农村家庭可支配的收入和就业状况，进而造成西部地区经济发展分享度低。

西部地区的城乡经济发展分享度低,且内部差异不大,除四川省排名靠前外,其余各省(区、市)整体靠后,均低于全国平均水平,宁夏、陕西、青海、新疆、贵州、甘肃 6 省(区、市)的城乡经济发展分享度处于倒数后 10 位。

三、三大区域城乡社会保障公平度测算及分析

城乡社会保障公平度指标主要从养老、健康医疗、住房保障等二级指标进行测算,社会保障公平度指标往往反映的是一个地区的"软实力",代表的是城乡民生发展状况。从数据分析来看,中部地区城乡社会保障公平度最高,东部其次,西部最低(见图 4-9)。

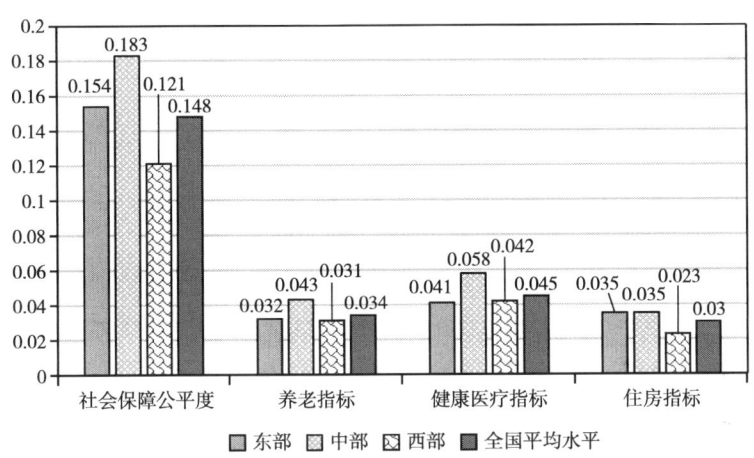

图 4-9 三大区域社会保障公平度对照

(一)东部地区城乡社会保障公平度低,内部差异大

东部地区和西部地区的养老指标和健康医疗指标接近,均低于全国平均水平;东部地区的住房指标和教育指标均优于西部地区,因此东部地区的城乡社会保障公平度高于西部地区。东部地区整体经济发展快,水平高,城市化进程快,但一些农村地区的医疗保险、养老保险的领取和享受仍较滞后,造成城乡发展之间存在差距。

具体来看,东部地区城乡社会保障公平度内部差异最大。东部有 7 个省的城乡社会保障公平度高于平均水平,有 4 个省的城乡社会保障公平度低于平均水平(见表 4-9)。特别是辽宁省,由于城镇领取养老金的人数多,养老金透支严重,

制约着城乡社会保障公平度提升。

表4-9　三大区域城乡社会保障公平度内部差异分析

区域	城乡	指标值	排名	区域	城乡	指标值	排名
东部	上海	0.245	2	西部	陕西	0.197	5
	福建	0.214	3		广西	0.162	11
	江苏	0.173	8		重庆	0.149	13
	广东	0.171	9		贵州	0.146	15
	河北	0.163	10		云南	0.138	19
	海南	0.15	12		甘肃	0.138	18
	浙江	0.148	14		四川	0.108	25
	天津	0.141	16		新疆	0.095	26
	山东	0.135	20		内蒙古	0.073	28
	北京	0.132	22		宁夏	0.071	29
	辽宁	0.125	24		青海	0.051	30
中部	安徽	0.246	1				
	江西	0.203	4				
	湖南	0.194	6				
	山西	0.181	7				
	河南	0.14	17				
	湖北	0.134	21				
	吉林	0.131	23				
	黑龙江	0.075	27				

（二）中部地区的城乡社会保障公平度最高

总的来看，中部地区的城乡社会保障公平度远高于全国平均水平。中部地区的城乡社会保障公平度高于东部地区2.9%，高于西部地区6.2%。中部地区的养老指标、健康医疗指标、住房指标均最高。

具体来看，中部地区各省之间城乡社会保障公平度内部差异最大。河南、湖北、吉林、黑龙江低于全国平均水平外，其余4个省均高于全国平均水平且居于前10名。中部地区内部各省的城乡社会保障公平度差异最小，医疗保险、养老保险的参保率较高，领取金额和人数城乡平衡度高。

(三) 西部地区城乡社会保障公平度最低

总的来看，西部地区的城乡社会保障公平度最低，内部差异居中，陕西、广西、重庆3省（区、市）的城乡社会保障公平度高于全国平均水平，其余各省（区、市）城乡社会保障公平度低于全国平均水平。

由于西部地区农村居民养老保险和医疗保险参保率低、医疗养老保险支出低、农村住房条件差，因此西部地区城乡社会保障公平度指数最低。西部地区应逐步提高新农合和新农保的参保率，提高医疗保险的补助水平，以进一步提升养老指标和健康医疗指标。通过危房改造、易地扶贫搬迁等一系列措施，也可以帮助西部贫困地区居民改善住房条件和居住环境。

四、三大区域城乡公共服务协调度测算及分析

城乡公共服务协调度指标主要从交通和科技等二级指标进行测算，东部地区凭借良好的区位优势，在此项指标中牢牢占据第一位置。西部和中部的城乡公共服务协调度依次递减，东部最高，西部居中，中部最低（见图4-10）。东部地区城乡公共服务协调度高于全国平均水平，中西部地区低于全国平均水平。

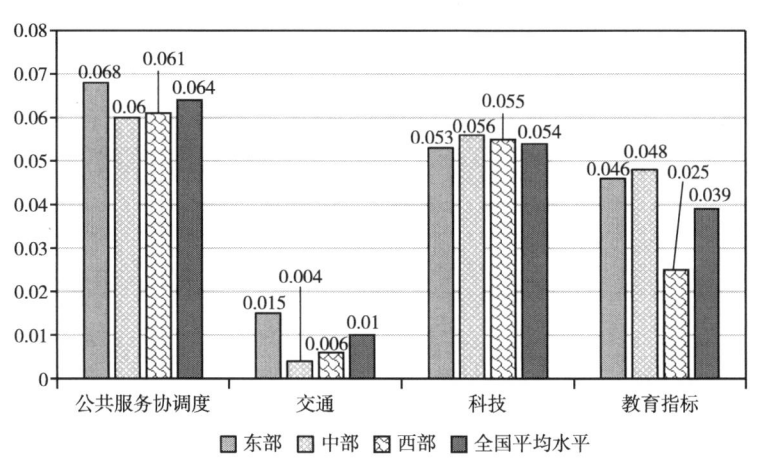

图4-10 三大区域城乡公共服务协调度对照

(一) 东部地区城乡公共服务协调度靠前，河北、天津两省（市）例外

东部地区公共交通便利，科技互联网发展水平较高，因而东部地区在交通和

科技指标方面均比较靠前，东部地区城乡公共服务协调度指数最高。

具体来看，东部地区的城乡公共服务协调度内部差异较大，整体靠前。上海、北京、辽宁、广东、福建、山东、海南7省（市）位于全国城乡公共服务协调度前10名；其余省（市）城乡公共服务协调度均低于全国平均水平，特别是天津地区，由于城乡人均公路里程差距大、城乡宽带接入用户差距大，因此低于全国平均水平（见表4-10）。

表4-10　　　　三大区域城乡公共服务均等度内部差异分析

区域	城乡	指标值	排名	区域	城乡	指标值	排名
东部	上海	0.125	1	西部	新疆	0.074	4
	北京	0.093	2		甘肃	0.065	11
	辽宁	0.071	5		贵州	0.064	12
	广东	0.069	6		内蒙古	0.063	13
	福建	0.068	8		四川	0.062	16
	山东	0.068	7		重庆	0.061	18
	海南	0.067	9		青海	0.061	19
	江苏	0.062	14		陕西	0.06	20
	浙江	0.062	15		广西	0.059	24
	河北	0.06	22		云南	0.056	28
	天津	0.002	30		宁夏	0.046	29
中部	黑龙江	0.075	3				
	河南	0.067	10				
	江西	0.061	17				
	山西	0.06	21				
	湖南	0.059	23				
	吉林	0.058	25				
	安徽	0.058	26				
	湖北	0.057	27				

（二）中部地区城乡公共服务协调度最低，内部差异较小

总体上看，中部地区城乡公共服务协调度指数居于第三位，低于全国平均水平。二级指标中，教育和科技指标高于全国平均水平，交通指标低于全国平均水平，中部地区的农村人均公路里程少。

具体来看，中部地区的城乡公共服务协调度内部差异最小，只有黑龙江、河南的城乡公共服务协调度高于全国平均水平，其余省（市）均低于全国平均水平。

（三）西部地区城乡公共服务协调度居中

总体上看，西部地区城乡公共服务协调度较去年提升，在三大区域中居第二位，但内部差异较大，第1名新疆比最后一名宁夏高0.028。在西部地区，只有新疆、甘肃、贵州的城乡公共服务协调度高于平均水平，其余省（区）均低于平均水平，陕西、广西、云南、宁夏4个省（区）的城乡公共服务协调度处于后10名。事实上，西部大部分地区比较落后，人才流失严重，互联网普及率低，因此教育和科技指标低；随着脱贫攻坚不断推进，部分西部地区行政村实现通路，因此交通指标提升。未来西部地区应进一步普及先进技术，不断提高公共服务均等化水平。

五、三大区域城乡减贫脱贫实现度测算及分析

在中部和西部地区消灭绝对贫困之际，东部地区已经进入探索解决相对贫困、推进城乡统筹发展之时，开始研究解决城市贫困群体，因此东部城乡减贫脱贫实现度远远超越中西部。东部城乡减贫脱贫实现度最高且高于全国平均水平，中部和西部相差不大，均低于全国平均水平（见图4-11）。

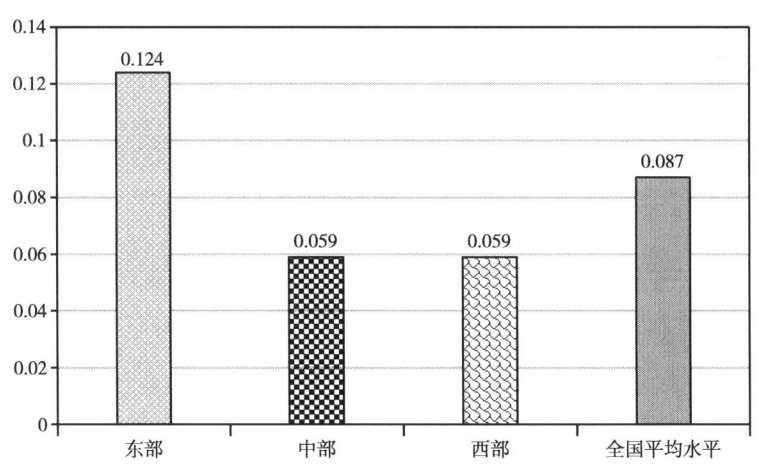

图4-11 三大区域城乡减贫脱贫实现度对照

（一）东部城乡减贫脱贫实现度贡献最大，内部差异较大

东部城乡减贫脱贫实现度高于全国平均水平3.7%，高于中西部地区

6.5%。东部地区经济发展较快，人均收入较高，产业工业发展基础好，减贫脱贫的效果好，返贫率低，强势的经济发展劲头以及雄厚的财政资金支持，东部地区城乡最低社会保障标准较一致、差距小，因此城乡减贫脱贫实现度高。

具体来看，东部各省内部差异较大，整体靠前。位于全国排名前9名的上海、北京、天津、江苏、浙江、山东、广东、海南、福建均位于东部地区，并且全国仅有这9个省（市）的城乡减贫脱贫实现度高于全国平均水平，对全国的城乡减贫脱贫实现度提升幅度大。此外，东部地区中河北和辽宁的城乡减贫脱贫实现度低于全国平均水平，仍是东部地区减贫脱贫的重点。具体指标见表4-11。

表4-11　　　　　三大区域城乡减贫脱贫实现度内部差异

区域	城乡	指标值	排名	区域	城乡	指标值	排名
东部	上海	0.184	1	西部	青海	0.083	10
	北京	0.177	2		宁夏	0.078	12
	天津	0.173	3		新疆	0.073	13
	江苏	0.169	4		甘肃	0.068	16
	浙江	0.157	5		广西	0.064	18
	山东	0.127	6		内蒙古	0.058	22
	广东	0.122	7		四川	0.051	25
	海南	0.117	8		云南	0.051	24
	福建	0.116	9		重庆	0.049	27
	河北	0.08	11		陕西	0.047	28
	辽宁	0.064	19		贵州	0.028	30
中部	湖北	0.073	14				
	黑龙江	0.069	15				
	河南	0.067	17				
	山西	0.061	20				
	吉林	0.061	21				
	江西	0.055	23				
	湖南	0.049	26				
	安徽	0.047	29				

（二）中部和西部地区城乡减贫脱贫实现度低，各省均低于全国平均水平

总体上看，中部和西部地区城乡减贫脱贫实现度低，中西部地区的城乡减贫脱贫实现度不到东部地区一半，明显落后。由于中部和西部地区经济发展相对缓慢、地方财政能力弱，贫困地区和深度贫困地区多、脱贫攻坚难度大，城镇的最低生活保障标准和农村的最低生活保障标准金额差距大，因而城乡减贫脱贫实现度落后。

具体来看，中部地区的城乡减贫脱贫实现度内部差异小，均低于全国平均水平，湖南省和安徽省处于全国城乡减贫脱贫实现度的倒数后 5 位。

西部地区的城乡减贫脱贫实现度内部差异不大，内蒙古、云南、四川、重庆、陕西、贵州 6 省（区、市）处于全国城乡减贫脱贫实现度的倒数后 10 位。西部地区为减贫脱贫仍需付出巨大努力，以缩小城乡差距，实现西部地区可持续脱贫和经济高质量增长。

六、三大区域城乡生态环境共享度测算及分析

就区域城乡生态环境共享度来说，除个别省区外，东部均较为靠前，中部地区的城乡环境相对较为统一，城乡差距不大。西部的各省生态环境差别相对较大，例如西北乡村地区生态环境脆弱、山地植被覆盖率低，城乡差距较大。东中西部城乡生态环境共享度依次递减，东部最高、中部居中、西部最低（见图 4-12）。

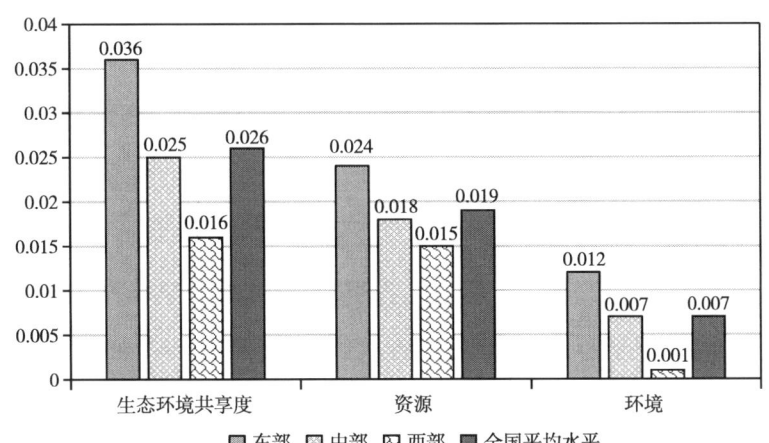

图 4-12　三大区域城乡生态环境共享度对照

(一) 东部地区城乡生态环境共享度高,内部差异大

东部地区城乡生态环境共享度是三大区域中唯一高于全国平均水平的地区,东部地区的资源指标和环境指标也都高于全国平均水平,这对全国的城乡生态环境共享度提升发挥了重大作用。

具体来看,东部地区的城乡生态环境共享度内部差异较大,第 1 名上海(0.083)和第 27 名海南(0.009)的极差达到 0.074。城乡生态环境共享度前 10 名,东部地区占 7 个,分别是上海、天津、山东、北京、浙江、辽宁、福建;江苏、河北、广东、海南 4 省低于全国平均水平(见表 4-12)。东部地区由于海南和广东两省的城乡生态环境共享度低,降低了东部地区的城乡生态环境共享度。

表 4-12　　　　三大区域城乡生态环境共享度内部差异分析

区域	城乡	指标值	排名	区域	城乡	指标值	排名
东部	上海	0.083	1	西部	云南	0.041	4
	天津	0.073	2		重庆	0.029	12
	山东	0.047	3		内蒙古	0.028	13
	北京	0.037	5		贵州	0.019	21
	浙江	0.034	7		陕西	0.019	20
	辽宁	0.033	10		甘肃	0.013	24
	福建	0.033	9		青海	0.011	25
	江苏	0.024	16		新疆	0.01	26
	河北	0.022	18		宁夏	0.004	28
	广东	0.013	23		广西	0.002	29
	海南	0.009	27		四川	0.001	30
中部	河南	0.035	6				
	黑龙江	0.034	8				
	山西	0.029	11				
	吉林	0.027	14				
	江西	0.025	15				
	湖南	0.022	17				
	安徽	0.02	19				
	湖北	0.016	22				

（二）中部和西部城乡生态环境共享度普遍偏低

中部地区和西部地区城乡生态环境共享度均低于全国平均水平，西部越是国家贫困县的地区，比如新疆、宁夏、广西、四川等省（区），城乡生态环境共享度越低，集中连片贫困地区往往与脆弱的资源和生态环境相关联。中部和西部对城乡生态环境共享度的提升起到了负作用，应进一步改善中西部城乡的生态环境和基础设施、绿化等建设，提升中西部的生活居住环境和条件，加大中西部对城乡生态环境共享度的贡献。

具体来看，中部地区的城乡生态环境共享度内部差异较小，河南、黑龙江、山西三省高于全国平均水平，吉林、江西省略低于全国平均水平；湖北省处于全国的倒数后10，降低了中部地区的城乡生态环境共享度。

西部地区的城乡生态环境共享度内部差异居中，整体靠后。云南省的城乡生态环境共享度排名第4，重庆的城乡生态环境共享度排名第12，内蒙古排名第13，且这3个省（区、市）高于全国平均水平；其余的8个省（区、市）均低于全国平均水平；陕西、甘肃、青海、新疆、宁夏、广西、四川等省（区、市）处于全国城乡生态环境共享度后10位。

第三节　三大区域共享发展比较说明

区域协调发展是中共十六届三中全会提出的"五个统筹"之一。具体内容为：积极推进西部大开发，振兴东北地区等老工业基地，促进中部地区崛起，鼓励东部地区率先发展，继续发挥各个地区的优势和积极性，通过健全市场机制、合作机制、互助机制、扶持机制，逐步扭转区域发展差距拉大的趋势，形成东中西相互促进、优势互补、共同发展的新格局。

2017年10月18日，习近平同志在十九大报告中强调实施区域协调发展战略。这就要求我们加大力度支持革命老区、民族地区、边疆地区、贫困地区加快发展，强化举措推进西部大开发形成新格局，深化改革加快东北等老工业基地振兴，发挥优势推动中部地区崛起，创新引领率先实现东部地区优化发展，建立更加有效的区域协调发展新机制。

因此，区域协调与共享发展成为新时期统筹东中西部发展的关键，应根据资源环境承载能力、发展基础和潜力，按照发挥比较优势、加强薄弱环节、享受均等化基本公共服务的要求，逐步形成主体功能定位清晰，东中西良性互动，公共服务和人民生活水平差距趋向缩小的区域协调发展格局。

一、共享发展指数方面

从整体指标来看，三大区域的发展指数依次呈现递减趋势。东部地区的共享发展指数最高，中部居中，西部最差。进一步分析发现，东部地区共享发展指数高于全国平均水平，在全国处于优势地位。同时，北京、上海作为特大城市，共享发展指数远远高于其他省份。

事实上，自改革开放以来，东部地区的相对优势逐渐显现。东部地区各省份利用自身优越的地理区位条件，并结合自身资源禀赋，迅速学习掌握了先进的发展技术和经验，推动经济社会各方面取得了巨大进步，实现了"一部分人先富起来、一部分地区先富起来"。同时，东部地区在各方面都进行了积极探索，共享成果惠及程度也相对较高，例如沿海省份的江苏、浙江和山东等省，经济实力比较强大，发展指数相对较高；且浙江和江苏民营经济发展活跃，乡镇经济发达，城乡共享指数排名相对靠前。

从具体指标方面来看，共享发展的五项指标在东中西部各区域具体排名各不相同，区域内部各省份之间也存在较大差距。

在经济发展分享度方面，东部地区内部各省差异巨大，北京与海南的经济发展分享度分别位居第1和倒数第1。作为三级指标，经济增长与就业情况对于地区经济发展分享度贡献率大，北京、天津、上海、江苏等发达地区经济保持持续稳定增长，吸纳了大量劳动力，排名靠前。海南省由于还存在部分农村贫困人口，导致地区的经济发展共享度排名落后。由于中西部传统欠发达省份的此两项指标均低于国家平均水平，造成了中西部经济发展分享度也低于国家平均水平。

在社会保障公平度方面，中部地区超越东部，东部的天津和海南反而处于落后位置。社会保障公平度主要考虑了养老、健康、医疗和住房等三级指标。东部地区在医疗和住房指标方面低于全国平均水平，东部地区尤其一线城市的生活成本高、医疗资源紧张、房价远远超过普通人的支付能力，这些现实状况导致东部地区的社会保障公平度低于全国平均水平。中西部虽然条件较差，但是各项社会保障成本较低，社会保障公平度实现较好，只是健康水平由于医疗条件受限以及地域影响而处于较低水平。

在公共服务均等化方面，整体呈现东、西、中递减趋势，东部地区公共服务均等化水平高，但呈现两极分化的趋势，内部差异大。中西部内部差异较小，但排名靠后。公共服务均等度包括基础设施、科技、教育和文体四个方面。虽然中西部地区2019年公共服务发展有所改善，但中西部贫困省份的公共服务水平依然有待加强。一方面，包括东北三省和西部各省在内，整体基础设施水平落后于发达地区，受限于人才发展、科技落后、教育不强等因素的影响，公共服务均等度水平较低。另一方面，受惠于全民健身工程、文化书屋等惠民便民工程的影响，西部地区文化体育指标处于较高水平。

在减贫脱贫实现度方面，东部除辽宁和河北之外，其余省份排名都进入前10。同时，西部地区内部差异较大。精准扶贫精准脱贫实施以来，中西部已累计脱贫数达千万人，但目前中西部的减贫脱贫程度依然落后于全国平均水平。究其原因，东部地区经济发展水平高，地理位置优越，产业发达，农民就业机会和就业收入多。西部地区自身造血能力弱，产业基础薄弱，农民增收渠道狭窄，脱贫较为困难。目前阶段，中西部地区的贫困人口依然占据全国贫困人口的绝大多数。

在生态环境共享度方面，呈现西东中部西递增趋势，东部地区半数省份指标排名在全国20名之后，西部地区在生态环境共享度方面反而处于优势地位。生态环境共享度主要考虑资源和环境指标，就三大区域来说，环境指标趋于一致，差别不大。但是西部地区资源丰富，资源利用率较低，随着国家退耕还林等政策实施，西部地区生态环境也得到极大改善，与之相比，东部很多省份已进入资源枯竭阶段，甚至出现了环境持续恶化的状况，这些都拉低了东部地区的生态环境共享度水平。

二、城乡共享发展指数方面

整体来看，东、中、西部的城乡共享发展指数依次递减，东部最高、中部居中、西部最低。且东部和中部的城乡共享发展指数都超过全国平均水平，西部则落后较多。就区域内部而言，东部各地区之间城乡共享发展差距较大，中西部地区之间差异较小，这与东部地区的整体发展相一致。从过去东部地区的乡镇企业和村集体经济快速发展，到现在东部地区探索统筹城乡发展、解决相对贫困问题等一系列实践举措，为东部地区各省份城乡共享资源和协调发展提供了坚实基础。同时，西部地区现阶段处于解决农村贫困问题的关键时期，一些资源正在往农村下移，总体上农村与城市还有一定差距，这些也造成西部地区城乡共享发展指数较低。

具体指标来说，主要从城乡经济发展分享度、城乡社会保障公平度、城乡公共服务协调度、城乡减贫脱贫实现度以及城乡生态环境共享度等五个指标进行测算和说明,三大区域的各个省(区、市)在城乡统筹发展方面实现程度和进度存在差距,需要进一步实现区域协调发展。

城乡经济发展分享度主要从收入、支出和就业等指标进行衡量。中西部地区的城乡就业水平远远超过东部地区,中部地区收入与支出水平与东部地区相差不大,西部地区的收入和支出则落后全国平均水平较多。综合各指标之后,呈现中、东、西部递减趋势。北京、辽宁和广东地区排名靠后,究其原因,这些地区就业指标落后,城乡存在大量的自主择业和土地租赁者,而西部地区受经济发展水平限制,农民主要以外出务工为主,收入与支出都处于全国末端。

城乡社会保障公平度主要从养老、健康医疗、住房等指标进行测算。中部地区各项指标都处于领先位置,这反映了中部地区的城乡社会保障较为公平,能实现全民共享发展改革成果。东部地区内部而言,辽宁省受经济形势恶化、国有企业占比过高,以及国企亏损和倒闭等因素影响,城镇化水平较低,社会保障水平还有待加强,因此城乡社会保障公平度居于全国末端。

城乡公共服务均等度主要从教育、交通和科技等指标进行测度。除教育有所差距之外,交通和科技在三大区域差距不大。"要致富先修路",国家大力投入农村公路建设,尤其对于西部交通位置不便的地区,建设"四好"农村公路,对于西部地区的交通改善产生了巨大的促进作用。交通带动了科技的发展,例如贵州省率先在全国实现县县通高速,带动了大数据产业发展。同时,义务教育的免费普及也使得城乡公共服务差距变小。

城乡减贫脱贫实现度主要从各区域的扶贫工作、脱贫成效等方面进行考量测算。中西部城乡减贫脱贫实现度相差不大,主要由于国家扶贫开发重点县以及14个集中连片特困地区都位于中西部山区和农村,是现阶段的脱贫攻坚的重点。这些地区在经济、文化、教育、医疗卫生等方面的城乡发展差距相对较大,贫困群体的生活情况和贫困程度虽有改善,但依然需要国家和社会的大力支持和扶助。

城乡生态环境共享度包括资源和环境两个指标。中西部地区在资源、环境,以及由此产生的城乡生态环境共享度指标水平都低于全国平均水平。特别是由于西部地区农村生态环境恶劣,自然条件较差,造成个别地区的生态环境共享度低。华北地区受雾霾、工业污染等影响,生态环境趋于恶化,因而河北等地的城乡生态环境共享度排名较为靠后。

第五章

典型省份共享发展指数比较

作为中国的一线城市，北京和上海扮演着不同功能和角色。北京，作为中华人民共和国的首都，是全国的政治中心、文化中心，是世界著名古都和现代化国际城市。上海，作为中国改革开放的排头兵、创新发展的先行者，是中国经济、金融、贸易、航运、科技创新中心。本章选取北京和上海，从省际和城乡两个层面出发，对它们的共享发展水平进行具体分析，并同时分别分析其优势和不足，以提出相关政策建议。

第一节 北京共享发展典型特征分析

本节根据"中国共享发展指数指标体系"相关数据，对北京市省际层面和城乡层面的共享发展指数、经济发展分享度、社会保障公平度、公共服务均等化、减贫脱贫实现度、生态环境共享度等方面进行比较说明，清晰呈现北京市的发展和共享情况。

一、北京市共享发展指数整体情况

如表5-1所示，整体来看，2018年北京市共享发展省际层面略优于城乡层面。省际层面，北京市共享发展指数为0.712，位列30个已计算省份的第1位，其中，经济发展分享度、社会保障公平度、公共服务均等化均排名第1位，生态环境分享度排名第4位，减贫脱贫实现度排名第6位。城乡层面，北京市共享发展指数为0.493，位列30个已计算省份的第7位，其中，公共服务均等化、生态环境分享度排名第2位，减贫脱贫实现度排名第5位，社会保障公平度和经济发展分享度排名较后，分列第22位和第23位。

表 5-1　　2018 年北京共享发展指数详情

	共享发展指数		一级指标									
			经济发展分享度		社会保障公平度		公共服务均等化		减贫脱贫实现度		生态环境共享度	
	指标值	排名	指标值	排名	指标值	排名	指标值	排名	指标值	排名	指标值	排名
省际	0.712	1	0.112	1	0.176	1	0.221	1	0.122	6	0.081	4
城乡	0.493	7	0.054	23	0.132	22	0.093	2	0.177	2	0.037	5

通过对比同一指标的省际指数值和城乡指数值，我们发现，不同指标的指标值和排名差别不同，接下来，本书将通过具体分析共享发展的二级指标来分析其中的原因。

二、北京市经济发展分享度分析

总体来看，2018 年北京市省际经济发展分享度名列全国前茅，城乡经济发展分享度相对较差。较低的经济发展分享度是北京市城乡共享发展指数排名靠后的主要原因之一。北京市省际经济发展分享度为 0.112，高于全国平均值 1.95 倍，位列全国第 1 位；城乡经济发展分享度为 0.054，低于全国平均值 33.06%，位列全国第 27 位（见表 5-2）。

表 5-2　　2018 年北京市经济发展分享度详情

	经济发展分享度		二级指标			
			经济增长		就业	
	指标值	排名	指标值	排名	指标值	排名
省际	0.112	1	0.072	2	0.040	1
			收入与支出		就业	
城乡	0.054	23	0.047	21	0.007	27

从省际层面来看，2018 年，北京市经济运行总体平稳，就业和价格形势稳定。经济发展分享度省际层面的二级指标为经济增长和就业。经济增长指标指的是地区人均 GDP 和收入最高 20% 与收入最低 20% 的年人均收入比，指标值为 0.072，高于全国平均值 1.95 倍，位列全国第 2 位。就业指标指的是城镇登记失业率，指标值为 0.040，高于全国平均值 1.32 倍，位列全国第 1 位（见图 5-1）。

经济发展分享度城乡层面的二级指标为收入支出和就业。收入支出指标指的是城乡居民家庭人均可支配收入比和城乡家庭人均消费支出比，指标值为 0.047，

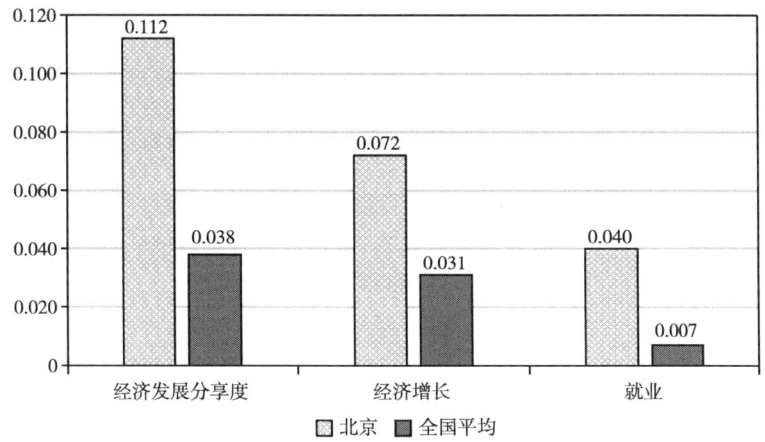

图 5-1 北京市省际经济发展分享度比较

低于全国平均值 15.51%，位列全国第 21 位。就业指标指的是城镇登记失业率，指标值为 0.007，低于全国平均值 72.04%，位列全国第 27 位。城乡居民人均可支配收入、消费水平和就业人数存在明显差距，因此拉低了北京市城乡经济发展分享度的整体水平（见图 5-2）。

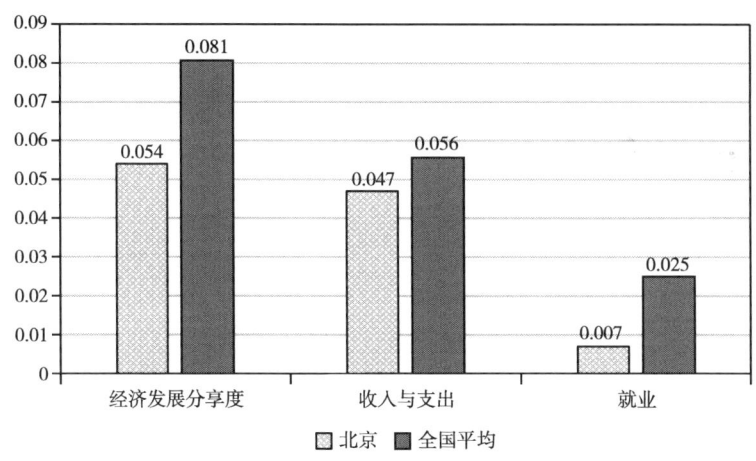

图 5-2 北京市城乡经济发展分享度比较

三、北京市社会保障公平度分析

与经济发展分享度情况相似，北京市省际社会保障公平度排名全国第 1 位，但是城乡社会保障公平度位居全国中下游，位列第 22 位。社会保障公平度是拉低了北京市城乡共享发展整体水平的另一个主要原因。北京市省际社会保障公平度为 0.176，高于全国平均值 76%，位列全国第 1 位；城乡社会保障公平度为 0.132，低于全国平均值 10.08%，位列全国第 22 位（见表 5-3）。

表 5-3　　　　　　　2018 年北京市社会保障公平度详情

	社会保障公平度		二级指标							
			养老		健康		医疗		住房	
	指标值	排名	指标值	排名	指标值	排名	指标值	排名	指标值	排名
省际	0.176	1	0.040	1	0.037	2	0.060	1	0.039	14
城乡	0.132	22	0.026	24	0.018	26	0.042	9	0.046	11

社会保障公平度省际层面的二级指标为养老、健康、医疗和住房。养老指标指的是居民基本养老保险参保率，指标值为 0.040，是全国平均值的 1.50 倍，位列全国第 1 位。健康指标指的是人均预期寿命，为 0.037，是全国平均值的 1.31 倍，位列全国第 2 位。医疗指标指的是每千人拥有的医护人员数量和每千人拥有的病床数量，指标值为 0.060，高于全国平均值 93.55%，位列全国第 1 位。总体来看，养老、健康和医疗三个指标的排名和指标值均名列全国前茅，这得益于首都完备的社会保障制度和公共服务设施资源。住房指标指的是住房保障支出占财政支出比和人均住房面积，指标值为 0.039，略高于全国平均值 5.41%，位列全国第 14 位。根据《北京市 2016 年国民经济和社会发展统计公报》，与 2015 年相比，2016 年北京市住房保障支出增长 2 倍。近几年尽管政府加大了住房财政保障，但是过高的房价对于北京居民来说仍然杯水车薪（见图 5-3）。

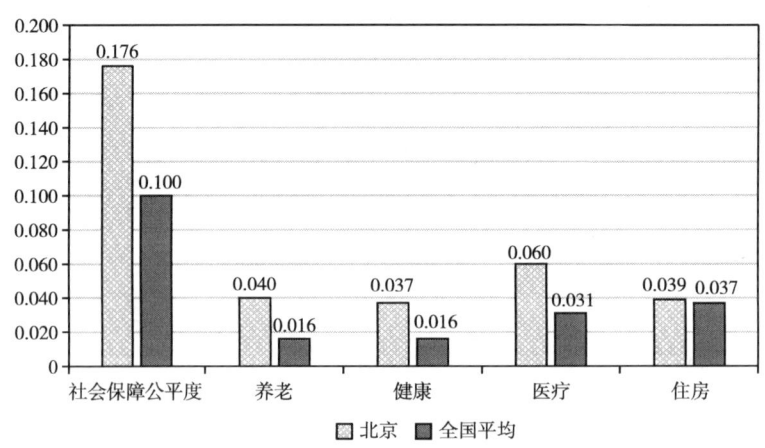

图 5-3　北京市省际社会保障公平度比较

社会保障公平度城乡层面的二级指标为养老、健康医疗、住房和教育。养老指标指的是基本养老保险参保率城乡之比和养老金支出与达到领取养老金标准的人数比值的城乡比，指标值为0.026，低于全国平均值23.53%，位列全国第24位。健康指标指的是医疗保险参保率城乡比和医疗保险支出与达到领取医疗保险标准的人数比值的城乡比，为0.018，低于全国平均值的60%，位列全国第26位。住房指标指的是人均住房建筑面积城乡比，指标值为0.042，高于全国平均值40.00%，位列全国第9位。教育指标指的是人均受教育年限城乡比，指标值为0.046，高于全国水平17.95%，位列全国第11位。数据显示，养老指标和健康医疗指标均明显低于全国平均水平，虽然北京市整体城镇化较快，但由于农村地区养老保险和医疗保险的政策和落实相对滞后，造成北京城乡发展之间存在明显差距，养老指标和健康医疗指标也是北京城乡社会保障公平度落后的主要原因（见图5-4）。

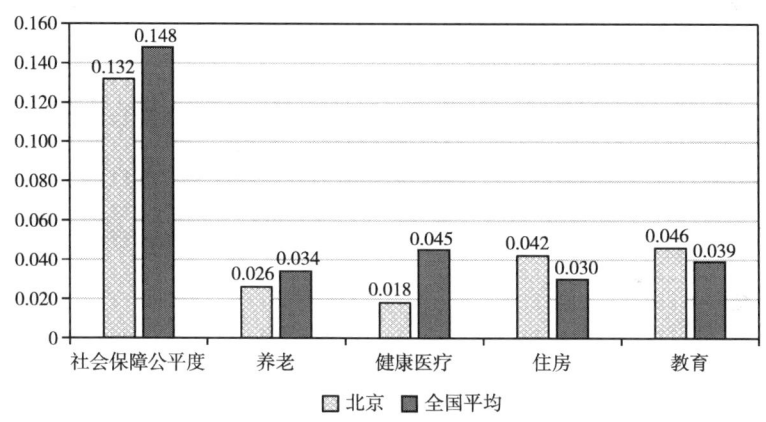

图5-4　北京市城乡社会保障公平度比较

四、北京市公共服务均等化分析

北京市省际和城乡公共服务均等化均表现优异，分列全国第1位和第2位。北京市省际公共服务均等化为0.221，高于全国平均值1.17倍，位列全国第1位；城乡公共服务均等化为0.093，高于全国平均值45.31%，位列全国第2位（见表5-4）。

表 5-4　2018 年北京市公共服务均等化详情

	公共服务均等度		二级指标							
			基础设施		科技		教育		文体	
	指标值	排名	指标值	排名	指标值	排名	指标值	排名	指标值	排名
省际	0.221	1	0.098	6	0.037	2	0.055	1	0.031	2
			交通		科技		—			
城乡	0.093	2	0.039	2	0.053	22	—	—	—	—

公共服务均等化省际层面的二级指标为基础设施、科技、教育和文体。基础设施指标指的是人均城市公共交通运营线路网长度、供水普及率和燃气普及率，指标值为 0.098，高于全国平均值 40%，位列全国第 6 位。科技指标指的是人均公共财政科技支出，指标值为 0.037，高于全国平均值 5.2 倍，位列全国第 2 位。教育指标指的是人均受教育年限和人均公共财政教育支出，指标值为 0.055，高于全国平均值 1.75 倍，位列全国第 1 位。文体指标指的是人均公共财政文化、体育支出，指标值为 0.031，高于全国平均值 4.17 倍，位列全国第 2 位。从各指标值和排名来看（见图 5-5），北京市科技、教育和文体方面的共享水平名列全国前茅；基础设施相较于与其他三个指标略有落后，这与北京市人口密度高、城市轨道交通线路已经相对完善有关，但整体来看仍居于全国前列。

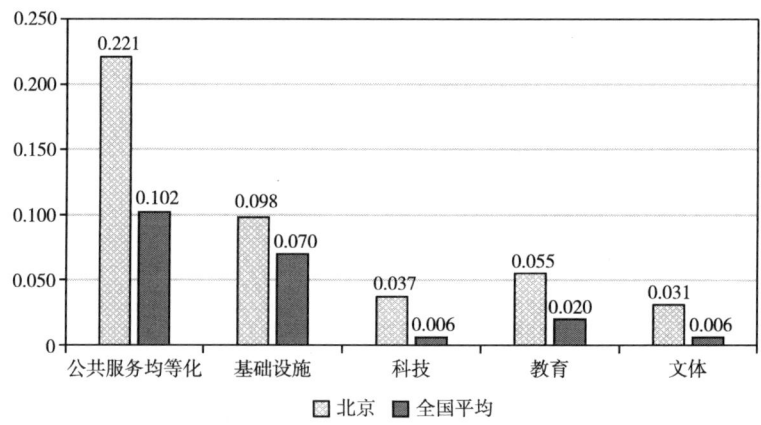

图 5-5　北京市省际公共服务均等化比较

公共服务均等化城乡层面的二级指标为交通和科技（见图 5-6）。交通指标指的是人均公路里程的城乡对比，指标值为 0.039，高于全国平均值 2.9 倍，位列全国第 2 位。科技指标指的是城乡宽带接入用户之比，指标值为 0.053，略低于全国平均值 1.85%，位列全国第 22 位，由此可见，城乡居民宽带接入数量差距明显，农村居民宽带接入比例仍有待提高。

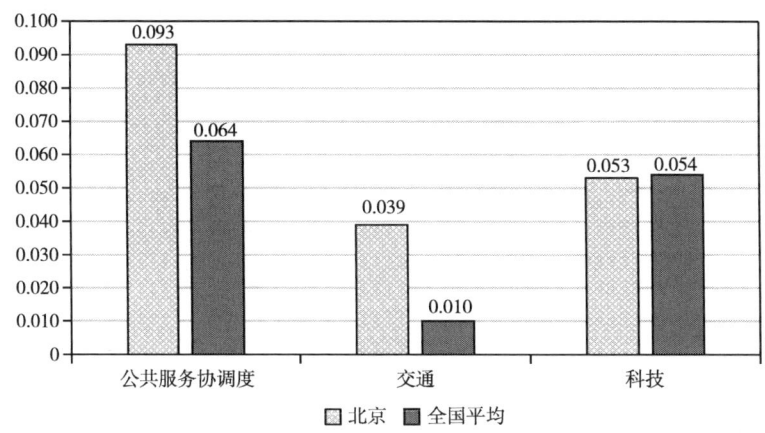

图 5-6　北京市城乡公共服务均等化比较

五、北京市减贫脱贫实现度分析

北京市省际和城乡减贫脱贫实现度表现良好，分列全国第 6 位和第 2 位。北京市省际减贫脱贫实现度为 0.122，高于全国平均值 35.56%；城乡减贫脱贫实现度为 0.177，高于全国平均值 1.03 倍（见表 5-5）。

表 5-5　　　　　　2018 年北京市减贫脱贫实现度详情

	减贫脱贫实现度		二级指标	
			减贫脱贫	
	指标值	排名	指标值	排名
省际	0.122	6	0.122	6
城乡	0.177	2	0.177	2

减贫脱贫实现度省际层面的二级指标为减贫脱贫。减贫脱贫指标指的是贫困发生率、农村累计已改厕受益人口比重、自来水普及率和农村宽带接入率，指标值为 0.122，高于是全国平均值 35.56%，位列全国第 6 位（见图 5-7）。

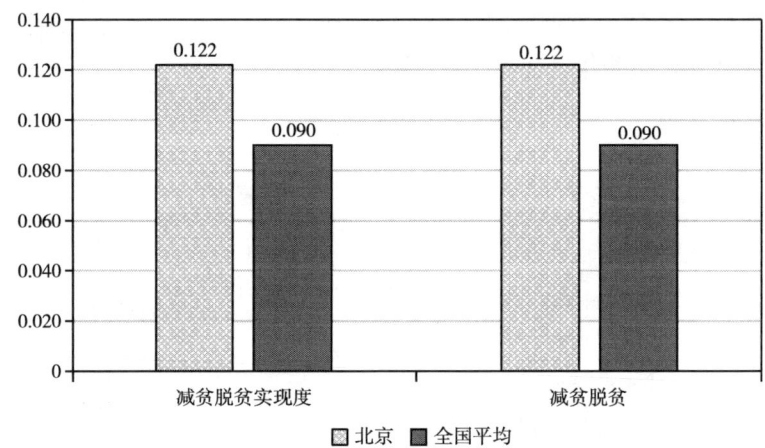

图 5-7　北京市省际减贫脱贫实现度比较

减贫脱贫实现度城乡层面的二级指标为减贫脱贫。减贫脱贫指标指的是城乡最低生活保障标准之比、城乡供水普及率之比和城乡累计已改厕受益人口比重之比，指标值为 0.177，是全国平均值的 1.03 倍，位列全国第 2 位（见图 5-8）。整体来看，北京市在减贫脱贫领域，不仅整体上取得良好效果，城乡之间也进展均衡。

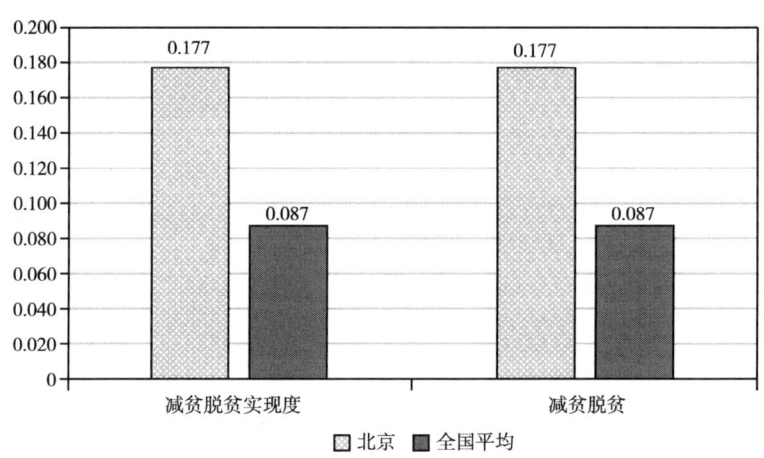

图 5-8　北京市城乡减贫脱贫实现度比较

六、北京市生态环境共享度分析

北京市省际和城乡生态环境共享度均表现良好，分列全国第 4 位和第 5 位。

北京市省际生态环境共享度为 0.081，高于全国平均值 19.12%；城乡减贫脱贫实现度为 0.037，高于全国平均值 42.31%（见表 5-6）。

表 5-6　　　　　　2018 年北京市生态环境共享度详情

	生态环境共享度		二级指标			
			资源		环境	
	指标值	排名	指标值	排名	指标值	排名
省际	0.081	4	0.001	28	0.080	1
城乡	0.037	5	0.030	5	0.007	11

生态环境共享度省际层面的二级指标为资源和环境（见图 5-9）。资源指标指的是人均水资源量、人均林地面积和人均耕地面积，指标值为 0.001，远低于全国平均值 2.07 倍，位列全国第 28 位。环境指标指的是城市生活垃圾无害化处理率和环境保护支出占财政支出比，指标值为 0.080，高于全国平均值 73.91%，位列全国第 1 位。可以看出，北京市十分重视城市及周边生态环境建设，并取得良好效果；但是，由于北京大量人口聚集，因此人均水资源量、人均林地面积和人均耕地面积均十分有限，远低于全国水平的资源指标是拉低省际层面生态环境共享度的原因。

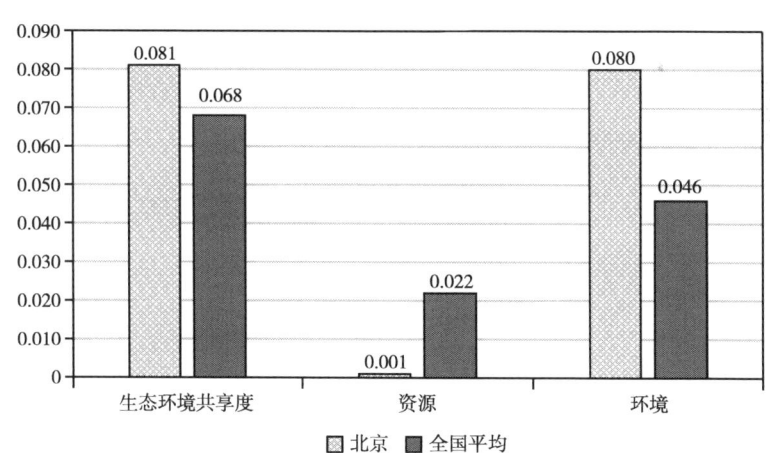

图 5-9　北京市省际生态环境共享度比较

生态环境共享度城乡层面的二级指标为资源和环境（见图 5-10）。资源指标指的是城乡人均日生活用水量之比，指标值为 0.030，高于全国平均值 57.90%，位列全国第 5 位。环境指标指的城乡人均绿化面积对比，指标值为

0.007，与全国平均值相同，位列全国第 11 位。资源和环境两个指标均处于全国中上游水平，说明北京市十分重视城乡居民水资源和环境资源的获取。

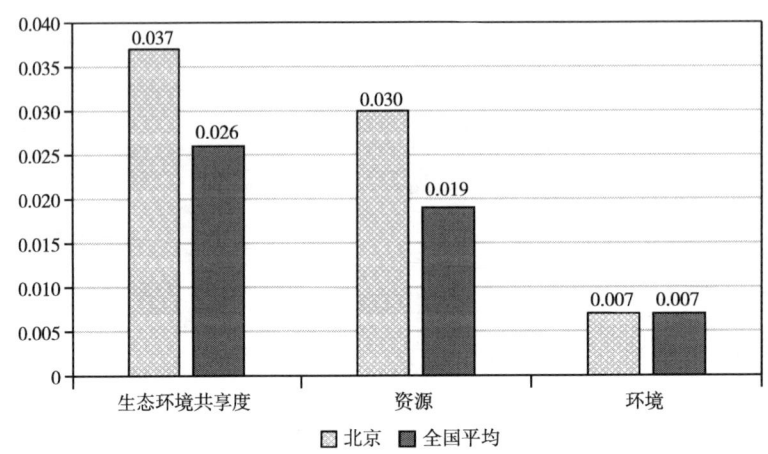

图 5-10　北京市城乡生态环境共享度比较

第二节　上海共享发展典型特征分析

本节根据"中国共享发展指数指标体系"相关数据，对上海市省际层面和城乡层面的共享发展指数、经济发展分享度、社会保障公平度、公共服务均等度、减贫脱贫实现度、生态环境共享度等方面进行比较说明，清晰呈现上海市的发展和共享情况。

一、上海市共享发展指数整体情况

根据表 5-7 所示，整体来看，上海市省际和城乡共享发展水平均遥遥领先。省际层面，上海市共享发展指数为 0.560，位列 30 个已计算省（区、市）的第 2 位，其中，公共服务均等化排名第 2 位，经济发展分享度和社会保障公平度排名第 3 位，减贫脱贫实现度排名第 7 位，生态环境分享度排名靠后，位列第 28 位。城乡层面，上海市共享发展指数为 0.701，位列 30 个已计算省市的第 1 位，其中，公共服务均等化、减贫脱贫实现度、生态环境分享度均排名第 1 位，社会保障公平度排名第 2 位，经济发展分享度排名靠后，位列第 22 位。

表5-7　　　　　　　　2018年上海共享发展指数详情

| | 共享发展指数 | | 一级指标 | | | | | | | | |
| | | | 经济发展分享度 | | 社会保障公平度 | | 公共服务均等化 | | 减贫脱贫实现度 | | 生态环境共享度 | |
	指标值	排名	指标值	排名	指标值	排名	指标值	排名	指标值	排名	指标值	排名
省际	0.560	2	0.071	3	0.130	3	0.195	2	0.119	7	0.044	28
城乡	0.701	1	0.064	22	0.245	2	0.125	1	0.184	1	0.083	1

整体来看，上海市共享发展省级层面和城乡层面均表现优异，指标之间差距显著，有明显位列全国前茅的，也有位于全国末端的。本节将通过具体分析共享发展的二级指标与三级指标来分析其中的原因，并为上海市未来的共享发展之路提出相应的政策建议。

二、上海市经济发展分享度分析

总体来看，上海市省际经济发展分享度名列全国前茅，城乡经济发展分享度相对较差，该指标也是上海市城乡共享发展指数5个一级指标中唯一一个与其他指标有明显差距的。上海市省际经济发展分享度为0.071，高于全国平均值的86.84%，位列全国第3位；城乡经济发展分享度为0.064，低于全国平均值20.66%，位列全国第22位（见表5-8）。

表5-8　　　　　　　2018年上海市经济发展分享度详情

| | 经济发展分享度 | | 二级指标 | | | |
| | | | 经济增长 | | 就业 | |
	指标值	排名	指标值	排名	指标值	排名
省际	0.071	3	0.071	3	0.000	27
			收入与支出		就业	
城乡	0.064	22	0.052	17	0.011	25

从省际层面来看，二级指标经济增长和就业的指标值分别为0.071和0.000，分列全国第3位和第27位，就业指标明显低于全国平均水平，较低的就业指标影响了省际经济发展分享水平（见图5-11）。

从城乡层面来看，二级指标收入支出和就业的指标值分别位0.052和0.011，低于全国平均值6.53%和56.06%，分列全国第17位和第25位。可以看出，无论是人均可支配收入、消费水平还是就业人数，上海市城乡居民之间差距明显，这影响了上海市城乡经济发展分享度的整体水平（见图5-12）。

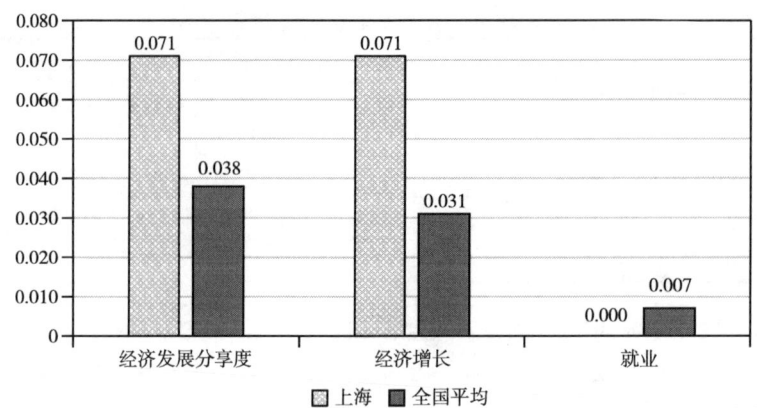

图 5-11　上海市省际经济发展分享度比较

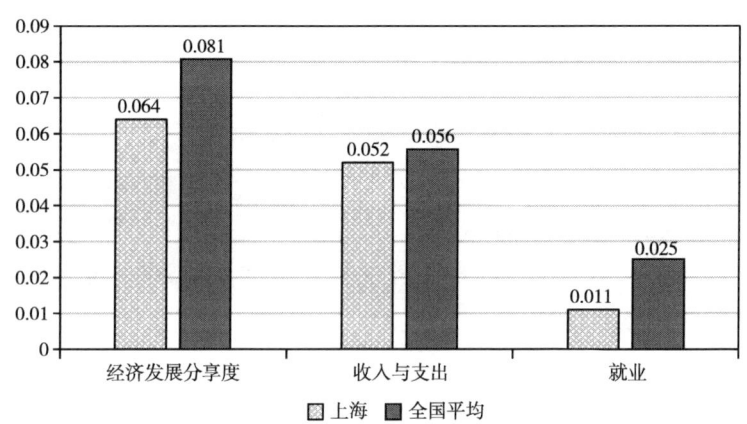

图 5-12　上海市城乡经济发展分享度比较

三、上海市社会保障公平度分析

上海市省际和城乡社会保障公平度均表现优异。省际社会保障公平度为 0.130，高于全国平均值 30.00%，位列全国第 3 位；城乡社会保障公平度为 0.245，高于全国平均值 65.54%，位列全国第 2 位（见表 5-9）。

省际层面的二级指标为养老、健康、医疗和住房。养老指标值为 0.022，是全国平均值 37.50%，位列全国第 8 位。健康指标值为 0.040，高于全国平均值 1.50 倍，位列全国第 1 位。医疗指标值为 0.037，高于全国平均值 19.35%，位列全国第 10 位。住房指标值为 0.031，低于全国平均值 16.22%，位列全国第 22

表5-9　　　　　　　2018年上海市社会保障公平度详情表

	社会保障公平度		二级指标							
			养老		健康		医疗		住房	
	指标值	排名	指标值	排名	指标值	排名	指标值	排名	指标值	排名
省际	0.130	3	0.022	8	0.040	1	0.037	10	0.031	22
城乡	0.245	2	0.063	2	0.067	6	0.063	1	0.053	6

位。由此可见，上海市的养老制度和医疗资源领先于全国平均水平，但受制于密集人口和高房价等原因，住房指标明显处于全国（见图5-13）。

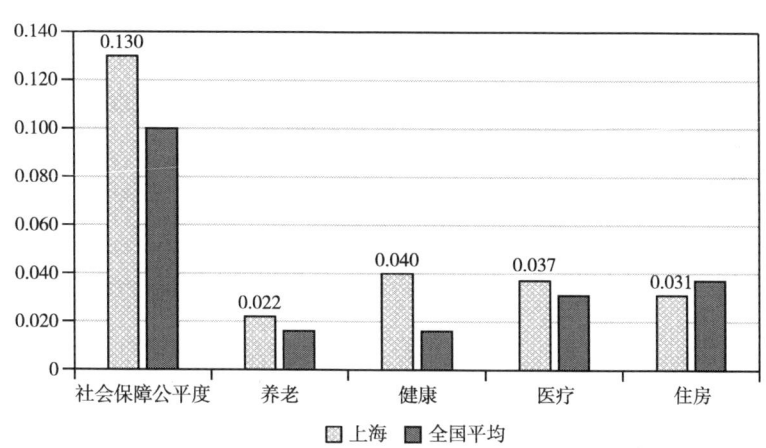

图5-13　上海市省际社会保障公平度比较

城乡层面的二级指标为养老、健康医疗、住房和教育。养老指标值为0.063，高于全国平均值85.29%，位列全国第2位。健康指标值为0.067，高于全国平均值48.89%，位列全国第6位。住房指标值为0.063，高于全国平均值1.1倍，位列全国第1位。教育指标值为0.053，高于全国水平35.90%，位列全国第6位。从数据来看，农村居民的社会保障公平度得到了有效保障（见图5-14）。

四、上海市公共服务均等度分析

上海市省际和城乡公共服务均等化均表现优异，分列全国第2位和第1位。上海市省际公共服务均等化为0.195，高于全国平均值91.17%；城乡公共服务均等化为0.125，高于全国平均值95.31%（见表5-10）。

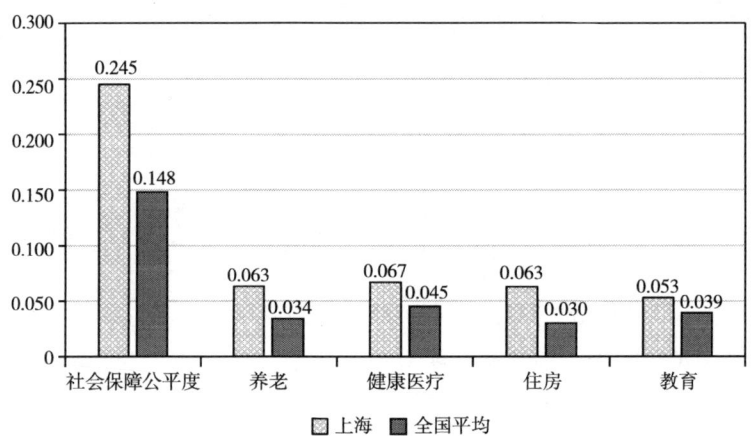

图 5-14　上海市城乡社会保障公平度比较

表 5-10　2018 年上海市公共服务均等度详情

	公共服务均等度		二级指标							
			基础设施		科技		教育		文体	
	指标值	排名	指标值	排名	指标值	排名	指标值	排名	指标值	排名
省际	0.195	2	0.100	4	0.040	1	0.041	3	0.014	3
	—		交通		科技		—			
城乡	0.125	1	0.063	1	0.063	1	—	—	—	—

省际层面的二级指标为基础设施、科技、教育和文体。基础设施指标值为 0.100，高于全国平均值 42.85%，位列全国第 2 位。科技指标值为 0.040，高于全国平均值 5.67 倍，位列全国第 1 位。教育指标值为 0.041，高于全国平均值 1.05

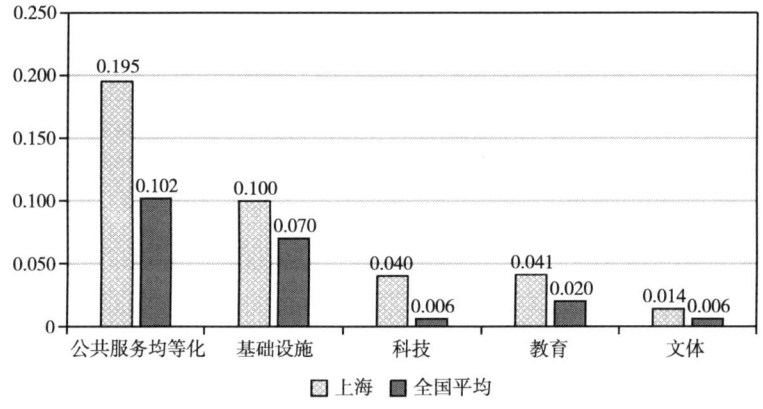

图 5-15　上海市省际公共服务均等度比较

倍，位列全国第 3 位。文体指标值为 0.014，高于全国平均值 1.33 倍，位列全国第 3 位。

城乡层面的二级指标为交通和科技。交通指标值为 0.063，高于全国平均值的 5.30 倍，位列全国第 1 位。科技指标值为 0.063，高于全国平均值 16.67%，位列全国第 1 位。从各指标值和排名来看，上海市省际和城乡公共服务共享水平名列全国前茅。

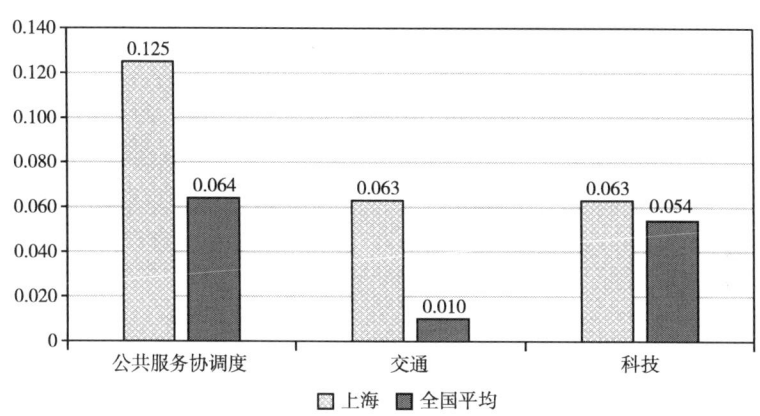

图 5-16　上海市城乡公共服务均等度比较

五、上海市减贫脱贫实现度分析

上海市省际和城乡减贫脱贫实现度表现良好，分列全国第 7 位和第 1 位。省际减贫脱贫实现度为 0.119，高于全国平均值 32.22%；城乡减贫脱贫实现度为 0.184，是全国平均值的 1.11 倍（见表 5-11）。

表 5-11　　　　　　　　2018 年上海市减贫脱贫实现度详情

	减贫脱贫实现度		二级指标 减贫脱贫	
	指标值	排名	指标值	排名
省际	0.119	7	0.119	7
城乡	0.184	1	0.184	1

省际层面的二级指标为减贫脱贫。减贫脱贫指标值为 0.119，高于全国平均值 32.22%，位列全国第 7 位。

城乡层面的二级指标为减贫脱贫。减贫脱贫指标值为0.184,高于全国平均值的1.11倍,位列全国第1位,说明减贫脱贫城乡之间工作取得了十分均衡的效果(见图5-17、图5-18)。

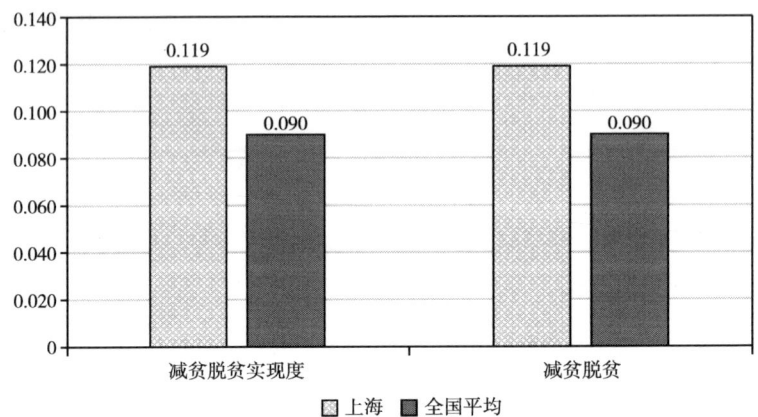

图5-17　上海市省际减贫脱贫实现度比较

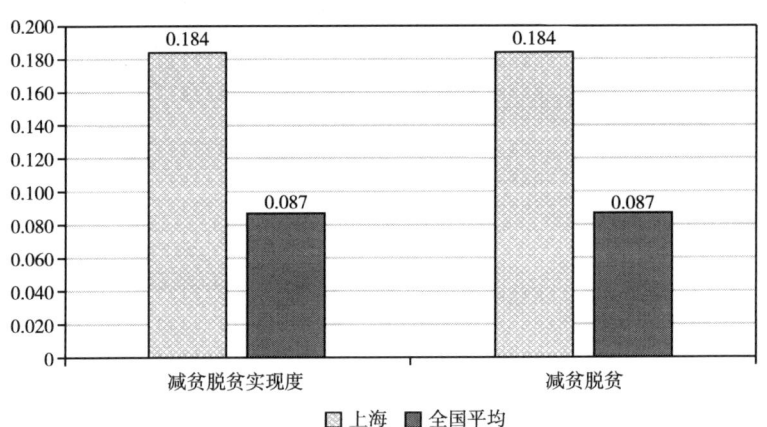

图5-18　上海市城乡减贫脱贫实现度比较

六、上海市生态环境共享度分析

上海市省际和城乡生态环境共享度差异明显,省际层面远低于城乡层面。省际生态环境共享度为0.044,低于全国平均值35.29%,位列全国第28位;城乡减贫脱贫实现度为0.083,高于全国平均值2.19倍,位列全国第1位(见表5-12、图5-19、图5-20)。

表 5-12　　　　　　　2018 年上海市生态环境共享度详情

生态环境共享度		二级指标			
		资源		环境	
指标值	排名	指标值	排名	指标值	排名
省际	0.044	28	0.001	30	0.044	18
城乡	0.083	1	0.020	14	0.063	1

省际层面的二级指标为资源和环境。资源指标值为 0.001，远低于全国平均值 95.45%，位列全国末位。环境指标值为 0.044，低于全国平均值 4.35%，位列全国第 18 位（见图 5-19）。整体来看，上海市在环境治理和自然资源方面的工作有待提高。

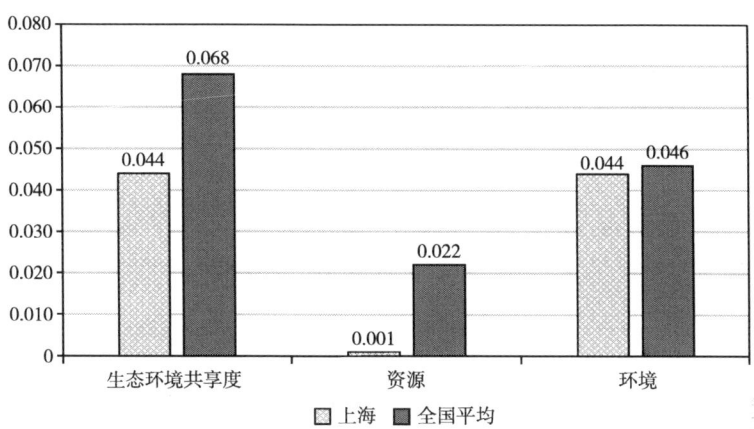

图 5-19　上海市省际生态环境共享度比较

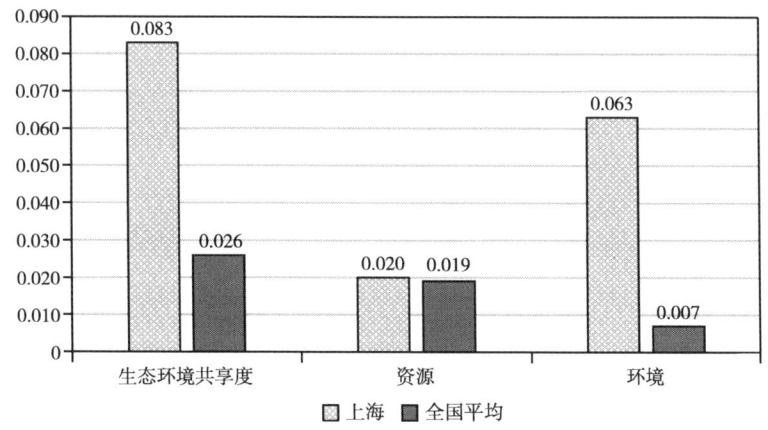

图 5-20　上海市城乡生态环境共享度比较

城乡层面的二级指标为资源和环境。资源指标值为 0.020，略高于全国平均值 5.26%，位列全国第 14 位。环境指标指的城乡人均绿化面积对比，指标值为 0.063，是全国平均值的 8 倍，位列全国第 1 位（见图 5-20）。

第三节 典型省份共享发展情况总结

一、北京市共享发展情况总结

通过以上的分析，整体来看，北京市共享发展情况良好，省际层面略优于城乡层面。省际层面，各一级指标和多数二级指标表现优异，不少指标位列全国前茅，需要注意的是社会保障公平度的住房指标和生态环境共享度的资源指标。城乡层面，各指标值和排名差异明显，需要特别关注的是经济发展、社会保障公共服务均等度的科技指标。因此，北京市政府在未来城市发展时，应更注重城乡均衡发展，缩小城乡发展差距，具体建议如下：

第一，运用好政府财政支出的二次分配作用，搭配合理的税收政策，缩小人均收入的差距，使市民收入水平向健康发展。同时，通过发展区域特色产业、就业培训指导、东西部合作等方式，拓展农村居民的就业渠道，逐渐提升农村家庭收入水平。

第二，加大力度改善农村居民的养老、健康、医疗和住房，加强政策创新水平和服务水平，出台综合性的一揽子解决政策。同时，加大控制市内住房价格，保障居民的住房需求。

第三，重点加大农村地区基础设施投资建设，可以依托城区周边的高新区、工业园，通过一些科技产业有规划地带动农村区域的发展。

第四，在财政支出方面，继续提高在环境保护方面的支出占比，增加人均自然资源占有率，为居民打造良好的生态环境。

二、上海市共享发展情况总结

以上分析可以看出，上海市省际和城乡共享发展水平在全国均遥遥领先。省际层面，经济发展分享度、社会保障公平度、公共服务均等化和减贫脱贫实现度均处于全国前列，生态环境共享度与前 4 个指标有明显差距，需要重点关注环境、资源和就业方面。城乡层面，经济发展分享度与其他 4 个一级指标差距明显,需要重点关注收入支出、就业和环境方面。因此,上海市需要在巩固现有工作成果基础上,补齐短板,在经济发展分享和生态环境共享等方面继续努力,具体建议如下:

第一,依托上海国际化都市的优势,继续推动长三角一体化进程,加强与周边省市合作,弥补上海资源不足的缺陷,充分发挥技术、人才、产业优势,增加上海市居民整体就业渠道,同时,缩小城乡居民的收入差距。

第二,加强自然资源和环境保护相关方面的顶层设计和财政支出,提升绿色资源的保护和利用,避免为了城市快速发展而走"先污染再治理"的老路。

专家论坛

乡村振兴的共享经济实践探索

王玉海　北京师范大学地理科学学部
宋逸群　国务院发展研究中心经济研究院

一、中国乡村发展所处的新阶段

习近平总书记在十九大报告中指出，我国经济社会发展已由高速增长阶段向高质量发展阶段转变，我国社会主要矛盾已经转化为人民日益增长的美好生活需要和不平衡不充分的发展之间的矛盾。2020年，我国即将全面建成小康社会，向着社会主义强国的建设目标迈进，城乡发展不平衡的问题、乡村发展不充分的问题都将通过发展得到解决。

中国乡村也正处在急剧的发展变化中。在新的发展阶段，乡村已经逐渐摆脱了贫困问题的影响，生活环境和生活品质得到大幅提升，乡村所具有的独立发展价值得到重视，优质的资源也被不断地发掘出来，这吸引了各方面越来越多的目光。而乡村也需要适应新发展阶段的需求，才能明确未来的发展目标，寻找到适合的发展模式。这一新发展阶段主要特征是：

第一，城乡发展壁垒逐渐消融，各类发展要素将更自由地流动，为乡村带来新的发展机遇。

2019年初，最新修正的《中华人民共和国农村土地承包法》促进了农村土地的有序经营、流转；国家发改委发布《关于培育发展现代化都市圈的指导意见》，其中明确提出"放开放宽除个别超大城市外的城市落户限制"。土地经营权的流转、户籍制度等城乡体制壁垒的消失等都宣告着新的城乡融合发展阶段的到来。可以预计，未来城乡之间的要素流动会更加顺畅。已进入城市生活的乡村户籍人口将落户城市，共享城市的公共服务与发展机遇；而乡村也将通过自身独特的资源优势，如良好的生态环境、现代农业发展机遇、社会文化资源等，吸引着更多城市中的优质发展资源进入乡村，参与乡村的发展。城乡融合发展不断深入，乡村不平衡不充分的发展问题将逐渐被解决。

第二，乡村发展需要借助于新的技术、模式和机制，为实现乡村发展目标，需要创新性地解决发展的问题。

随着互联网的普及和我国基础设施体系的不断完善，城乡之间信息、空间的阻隔也已不复存在。考虑到乡村中许多有待开发的资源都具有公共资源的属性，完全可以借助新技术和新的基础设施，探索尝试发展新的模式，创新地、灵活地获得发展所需的优质资源。如在要素城乡流动顺畅的背景下，乡村内外部的不同主体如何通过合作共同参与乡村公共资源的利用。

在以上两个发展特征的影响下，乡村还必须更进一步明确未来的发展目标，这样才能真正探寻到适宜乡村的发展模式。

二、中国乡村可持续发展问题

从乡村发展的外部条件来审视，城乡发展不均衡的问题一直困扰着乡村的发展。如图1所示，改革开放以来，尽管城乡人均收入比在波动中逐渐缩小，但仍然高达 2.68:1，人均收入差距绝对值在不断增大。

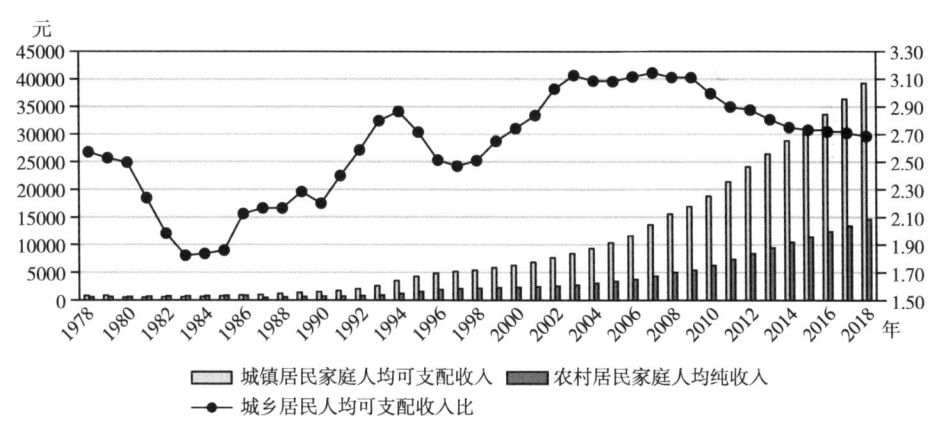

图1 城乡人均收入变化情况分析

城镇不仅能够提供更多、更高收入的就业机遇，还拥有良好的教育医疗等公共服务，吸引着越来越多乡村常住人口进入城市。按照常住人口比例计算我国城镇化率，1949～2018年的近70年间，常住人口城镇化率增长至近60%。乡村人口，尤其是适龄劳动人口大量离开乡村后，"空心化"问题凸显出来。

从乡村发展的内部状况来看，"三农问题"难以彻底解决，尤以欠发达地区的乡村最为典型。在过去的发展过程中,这些乡村因为制度约束、资源匮乏、区位优势不显著或者没有技术、缺少组织等许多原因并未得到发展机遇。发展程度低、乡村的制度环境与市场环境相比差距较大,基础设施不够完善,又限制了未来技术、资本、人才等优质资源的进入,已有的青壮年劳动力被大幅转移到城市,导致这类乡村缺乏发展的动力,形成恶性循环。

与此同时,大量的化学制剂、制品进入乡村生态系统,乡村生态环境的恶化影响了城乡可持续发展。根据国家统计局的数据,1991~2016年,中国农业生产中塑料薄膜用量增加了3.34倍,农药用量增加了2.33倍,农用化肥施用折纯量增加了2.09倍,在一些地区,每公顷化肥施用量已经远远超出了225公斤的安全上限。除草剂中70%含有有机磷成分,不仅导致土壤有害残留问题,还会通过地表径流和地下水进入水系后造成更大范围的污染[1]。乡村中的环境污染问题以及造成的食品安全问题极大地阻碍了城乡未来的可持续发展[2]。

其实,乡村发展的根本问题是如何对资源进行有效利用。我们会发现,乡村发展资源利用中常常出现资源短缺与过剩共存的现象。如"人多地少"耕地资源不足的问题与土地撂荒、大量自然资源利用不足的矛盾长期存在。良好的生态环境资源、景观资源、文化资源、旅游资源等更是长期缺乏有效利用。

更进一步观察,乡村资源不能有效利用的问题,根本原因是缺乏有效的合作共享机制。改革开放以来,随着家庭联产承包责任制的实施,农民生产积极性得到了很大的提升,但在应对市场变化时力不从心。于是,各类合作经济组织发展迅速,2017年7月底在工商部门注册的农民合作社总数已达179万个,入社农户占全国农户的46.8%,平均每个村庄有3个合作社。但我国经济组织发展水平对比发达国家差距较大,出现了"小、乱、散"的问题。许多合作社内社员之间地位并不平等,也没有真正达到合作的目的,村民仍然更接受一家一户的经营模式。在这样的情况下,乡村难以有效开发利用一些具有外部性的公共资源,也难以将这些资源优势真正转化为发展的动力。乡村内部合作的问题也影响了乡村对外部资源的利用及其与外部利益主体的充分合作。

在中国全面建成小康社会的历史阶段,实现乡村振兴和全面发展需要一种符合乡村实际、符合时代要求的新发展模式。这一模式需解决城乡长期二元发展带来的种种问题,并通过构建合作机制,实现乡村内外部多元主体的合作,最终实现资源的有效利用,最终实现乡村经济、社会、生态环境的协调和综合发展。

三、基于共享民宿项目的乡村共享经济案例分析

基于互联网的共享经济为乡村在新的阶段利用闲置资源提供了一个新的思

路。2017年夏季，国务院发展研究中心选择湖北省石首市的乡村作为绿色发展示范区，通过共享民宿项目实现乡村闲置民宅共享，清晰地展示出乡村共享经济项目落地实施的全过程。

通过对这一案例的分析和梳理，可以解答乡村共享发展的核心问题：怎样在乡村中形成各方共享的资源？乡村中不同利益主体如何互动？怎样建立起资源共享的机制？在实施过程中有哪些重点？从而为更多乡村尝试通过共享经济实现发展提供可参考的经验。

（一）项目背景

项目地区位于荆州市石首市（县级市）团山寺镇，位于湖南、湖北两省交界处的江汉平原上。该镇与周边区域相比，呈现出典型的以农业为主的欠发达乡村地区的特征。

2015年，团山寺镇的4个行政村被选为国务院发展研究中心绿色发展示范区，通过绿色发展模式的转变，探索欠发达的乡村如何实现跨越式发展。随着项目的深入，当地乡村已经通过生态农业项目的发展和推广，实现了村民收入的提升。但除农业外，服务业等新产业还有待培育。

2017年6~7月，南南合作的实地调研项目给当地乡村提供了一个探索培育新产业的机会。当南南合作培训项目中的发展中国家农业官员，通过学习了解到当地生态农业项目增收的情况后，纷纷提出希望能够去当地调研，了解中国乡村的变化和最新发展情况，并深入中国乡村的生产、生活，深度学习、体验。他们希望能够住在村民家中，为村民的接待支付一定费用。如果接待过程顺利，这一培训项目可能将该地区乡村设为合作基地，持续合作，并有可能逐年增加规模。

（二）共享资源的形成与多元主体的参与

共享民宿，这个房屋业主通过共享闲置房屋，接待访客赚取收益的共享经济商业模式，为乡村接待外宾的活动提供了一个可行的方案。

首先，当地拥有满足接待的闲置房屋资源。事先调查发现村中有大量闲置的民宅。初步统计，仅一个行政村内，有可共享房间的民宅就有30多栋。每栋平均建筑面积200~400平方米，一般为2~3层，共有6~8间卧室，每栋民宅至少可以接待3~4位访客。这些建筑内生活设施完善，条件很好，由于村民外出打工，长期空置，或者只有亲戚和老人负责照看。村民可以通过提供闲置房间，获得额外收入。

其次，对于当地企业而言，能够低成本地将这些空置房间利用起来，形成乡村共享民宿。在满足接待能力要求的前提下,还能够避免在市场条件不成熟的情况下投入过多建设资金,同时也避免了在乡村建设中可能遇到的一系列问题,还能获得宣传企业的机会。

同时,对于当地政府而言,通过接待项目能够有针对性地提升乡村公共服务水平,支持乡村发展新产业,符合当地发展规划。

在政府和企业的积极支持下,英文志愿者、接待活动的专家组织也参与其中,乡村共享民宿的多元利益主体共赢的合作基础已经形成。

总结起来,乡村共享民宿项目中聚集了三类资源:第一类是乡村发展的无形资源,如良好的生态环境、田园风光和乡村社区文化,能够让观摩团体感受乡村的自然与文化之美,绿色发展项目本身具有一定的教育意义和推广传播的价值;第二类是乡村发展的有形资源,如村民的闲置民宅和参与接待的村民;第三类是乡村以外的其他利益主体所拥有的资源,如在当地企业和政府的支持下,引入了志愿者和专家组织,提供接待时所需的物品、网络、管理人员等。这大大扩展了乡村原本拥有和可利用的资源范围,将乡村民宅等没有得到有效利用的资源利用了起来。

而利用乡村民宿是基于共享资源实现了恰当的合作共赢。这其中,外部专家和企业作为外部合作主体,村民作为本地主体,而政府和村两委则成为沟通两者的重要连接,将外部主体和乡村内部主体联系起来,并通过合作对共享资源进行有效的利用。以上利益相关者之间,形成围绕共享资源利用的关系,如图2所示。

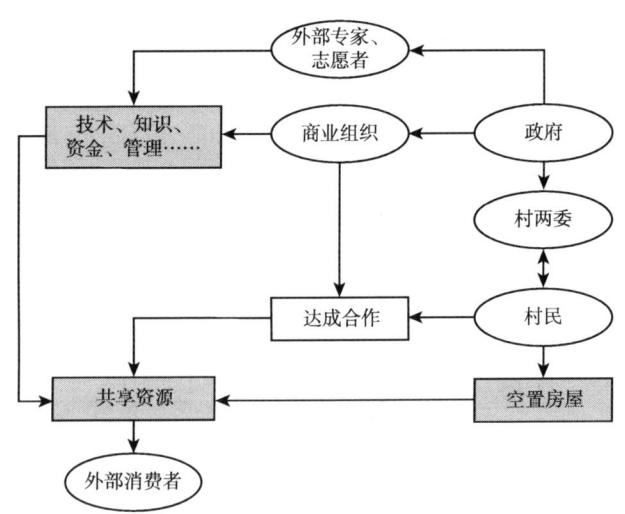

图2 多元利益相关者参与下的乡村共享资源形成

（三）多元利益主体共享资源合作治理制度

在共享民宿项目具体落地实施的过程中，核心问题是多元利益主体围绕共享资源的合作治理制度的建立。

治理是指多元利益主体在一定目标下，根据规则行动，维护、监管和激励参与主体行动的过程[3]。在乡村环境中，必须首先形成村民之间的合作，否则任何外部合作主体都难以承担巨大的合作成本，村民也很难直接对外部合作者的行为进行约束。

在本项目中，为了提出村民能够接受的合作制度，对村民的合作意愿进行了调研。问卷调研与分析发现，更愿意参与资源共享的村民主要有以下特征：第一，闲置房间更多的村民；第二，更年轻、在村内拥有更良好的社会关系、发展意愿较强的村民；第三，更希望按照资源投入多少按单价和数量付费的村民。在村两委的协助下，项目选取了15栋民宅的主人，组成了共享民宿合作小组。

确定项目开展时间后，合作小组、当地政府、村两委和当地企业、外部专家团队、公益组织一起，组织了多次接待问题的讨论会。根据不同参与者提出的诉求，参照奥斯特罗姆制度与发展框架中的行动情景中的规则[4]，形成了以下合作制度。

边界规则：政府成立专班，负责协调工作，如跨部门解决的夜晚供水、网络覆盖、安全保护、餐饮安排、交通接待等问题；政府与外部专家对接，明确参观考察的内容与线路安排，并与志愿组织沟通，获得语言沟通方面的支持。村两委负责村内活动的具体组织、安排、落实和协调，并明确村民的参与规则。外部专家提供活动方案策划以及专业支持。企业为了获得冠名权和宣传资源，将提供必要的资金，来改善民宿的接待条件。公益组织将根据具体的活动内容参与活动。媒体将受到政府的邀请前来进行报道。

身份规则：政府属于主办方和活动的管理者。村两委是具体活动的组织实施人。村民是资源和服务的提供者。企业是资金的提供者。外部专家是专业知识的提供者。公益组织是语言服务的提供者。媒体则肩负着报道推广的任务。

选择规则与范围规则：政府统揽全局，对出现的问题做出最快的决策，并提供相应的支持，包括行政的、资金的、人员的、跨部门等，政府可以将活动成果作为行政业绩，但不收取任何费用。村两委必须保证随时在活动现场组织协调，可以获得一定比例的民宿收入作为管理费用。村民必须按照要求完成民宿清洁和接待任务，按时参加培训和村民会议，按照规定保存民宿的相关物品，并接受村两委的检查，及时将出现的各类情况反馈给村两委，可以获得民宿接待的收入。

企业必须按时按需提供完善民宿的相应物品，如寝具、洁具、电器等。企业可以获得活动冠名权，以及一部分收入，具体收入分配方案与村民协商达成一致。外部专家必须提前熟悉资料，按时完成活动的策划方案，并提供专业服务，可以获得入户调研等科研机会。公益组织必须按照安排和要求完成公益服务，不获得收入。媒体必须完成及时、真实的报道和推广工作，获得新闻资源。

信息规则：在活动策划阶段，政府、村两委、企业、外部专家通过2次集中会议和2次路线考察活动，明确了各方责任。在确定参与村民后，进入准备阶段，村两委按照要求，先后组织了活动背景介绍、卫生清洁、英语会话、客房服务、用品领取签收共5次会议，并在活动开始前进行了2次集中的检查。村两委设立了微信群，同时发放纸质通讯录，方便村民及时反映各类情况。在具体接待开始之前，各参与方再次通过会议进行了沟通，明确了各自的责任。

偿付规则：村民每天获得100元收入，负责保管相关物资。一旦发现接待问题，取消该户接待机会，不支付任何接待费用。损坏物资的村民照价赔偿。完成接待的村民将得到政府装裱的纪念照片作为激励。

在合作过程中，由企业和政府协商提出合作的初始制度，并交给村民和其他参与方共同讨论完善。参与的各方由于利益相关关系的存在，相互之间形成了监督机制。村两委基于村民在过去各类活动中积累的信誉选择合作的村民，企业与政府之间还有其他合作项目保证了合作。

由于各方提前已经进行了充分的沟通，形成了较为清晰的合作规则，2017年6月和7月，当地通过该共享民宿项目两次接待了南南合作乡村绿色发展实践活动，取得了很好的效果。在活动中，国外学员和村民一起下田插秧，学习生态农业知识；划船沿湖采莲，了解当地湘莲产业；住在村民家中，早上被邀请一起吃早饭，晚上和村民全家人一起看电视，交流生活情况。活动结束后，南南学院发展中国家的官员们给予了项目很高的评价，甚至要求将绿色发展项目引入自己国家的乡村。2018年初，南南合作项目已决定和当地政府共同打造实践基地，"入住乡村民宿，体验乡村生活"已经成为这一实践活动的亮点内容。

对参与活动的村民们而言，这也是全新的体验。外国人住进他们生活的乡村，住在他们家里的房间内，还通过翻译软件跟他们交流，分享自己在村里看到的"新鲜事物"，这改变了村民对自己家乡的认知，提升了村民对新发展事物的接受程度。村民们把和学员的合照洗成照片，挂在自家的客厅里。在活动后的调研中，许多原本持观望态度的村民都表示愿意参与其中。2017年7月底在两次乡村共享民宿项目圆满完成后，研究团队就共享民宅的相关问题对村民进行了再次的调研。接待村庄的村民们对共享经济和陌生人合作的认识有了很大变化，有

70%的村民表示他们非常认同共享经济"充分利用闲置资源"的方式，50%的村民愿意主动拿出自己的各类闲置资源进行共享。对比项目开始前所开展的村民参与新项目合作意愿调研结果，在签订合同的条件下，愿意和陌生人合作共享房屋的比例从36.6%提升到70%。更令人欣喜的是，70%的被访村民愿意自己出钱改善房屋条件，提升共享民宿品质。

（四）乡村共享民宿项目中的实施重点

乡村共享民宿案例显示，在各方利益互惠共赢的基础之上，参与乡村共享民宿项目的多元利益主体，在村民、企业、政府、专家、志愿者、访客之间，对闲置民宅、劳动力、资金、知识技能、协调能力、公共服务等多种资源，通过合作共享进行了有效的利用。在这一过程中，有三个重点问题需要特别关注：

第一，在具有创新性的乡村发展项目中，必须促成没有合作过的不同主体达成首次合作，奠定信任基础。

外部商业组织、专家志愿者群体与村民属于首次合作。互相信任建立的过程，本质上是通过政府和村两委的连接功能，利用彼此信任信息存量的过程：政府根据专家以往的项目信息、合作经历邀请专家进入乡村；或者企业根据专家以往的项目信息、合作经历进行邀请并向政府推荐。专家过去的研究经历、项目信息、合作经历就成为专家的信任信息存量，记为 T_i。村民在过去的生产生活中，免不了参与社区的各种活动，并与村干部频繁交流，村民信任村两委，村两委了解村民的情况，以及哪些村民更易合作，村民在社区内拥有自己的信任信息存量记为 T_j。通过基层政府与村两委的交流沟通，专家得到了政府的背书进入乡村展开活动，共享自己的知识资源，村民也得到了村两委的保证，开放自己空置的房屋资源，二者之间共享信任信息量 $T = T_i \times T_j$。

从专家和村民双方的合作意愿出发，专家参与活动利用自己的知识资源，希望能够获得新的合作机会 P_i，达成自己的目标，但也对风险有所担忧记为 R_i，通过共享信任信息，可以避免损失 R_i。村民希望能够利用闲置房屋获取收益，必须先获得合作机会 P_j，但也担忧自己的房屋损坏，产生风险损失 R_j，但通过共享信任信息可以避免损失 R_j。在共享信任信息量 T 的保证下，促进了双方合作机会的产生，双方通过共享资源达成了合作。第一次合作也增加了双方的信任存量，提升了双方合作的驱动力，形成良性循环，如图3所示。

第二，必须遵循一定原则建立多元主体参与资源共享合作的制度，保障合作的开展。

多元利益主体之间通过讨论形成的可信的合作制度保证了这一过程。这一制

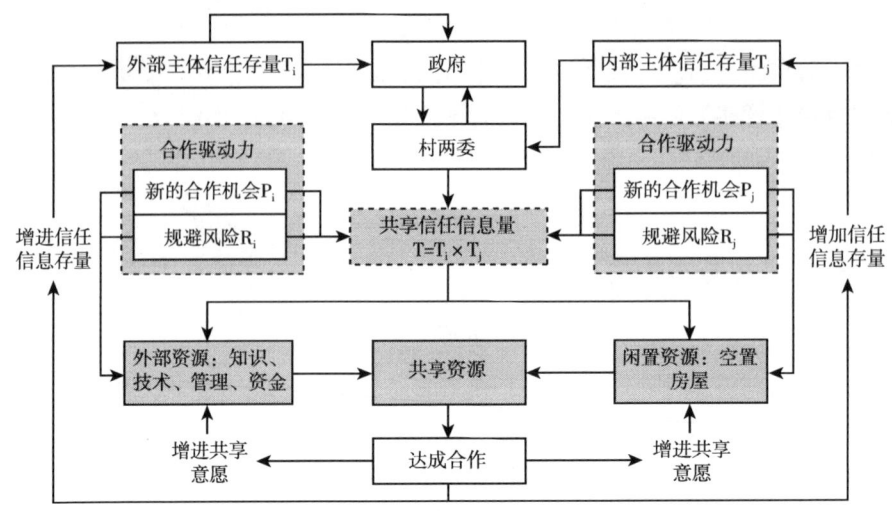

图3　乡村共享民宿案例中协同治理秩序的形成与扩展

度的设计和执行还需要遵照以下十个原则进行：

（1）基于群体特征的初始合作制度制定。初始合作制度要符合参与者的合作特征，可以借鉴原有制度，针对共享资源的特性和合作关系的变化进行调整。

（2）参与者与资源边界划分。尽量将合作内容切分成较小的模块，降低关系的复杂性。将每一次收益分配视为一个合作阶段的结束。如果有新加入的资源和参与者，或者参与者对上一阶段的合作制度提出优化建议，利益相关者一起决定优化合作制度，开始再一轮的合作。

（3）参与者制定规则。一旦参与者的范围确定，提出初始合作制度的可以是参与合作的任何一方，但是最后实施的合作制度需要所有参与的多元利益主体共同讨论、修改、确认。

（4）合作开始前制定规则并获得所有参与者的认可。合作规则在合作开始前必须通过所有参与者的确认。

（5）合作群体形成的合作制度不受外部权威的挑战。在符合其他外部正式制度的前提下，一旦合作制度得到各参与方的认可，须有相应机制保证外部权威不对合作制度进行干预。

（6）规则的一致性。资源的供给规则与资源的利用规则相符合，与外部规则和原有规则保持一致，不同规则之间不会产生冲突或矛盾。

（7）监督体系的建立。在乡村内部建立相互监督的机制，对于外部参与者等，配套其他监督机制监督各参与方的合作行为。

（8）综合激励体系。设计奖惩并行的激励机制，综合运用合作群体内多边惩罚的机制、第三方惩罚机制等进行激励。

（9）冲突解决的机制。在合作过程中，参与者一旦出现冲突，需要快速通过已明确的协调机制解决矛盾，维持其他主体合作的持续。

（10）构建分权制的合作治理结构。在参与的利益相关主体之间形成扁平灵活的合作组织，保证大部分参与者对涉及的选择都拥有决策权利。

第三，要充分认识到共享经济项目自发扩展机制的重要性。

通过共享合作，各参与方获得的收益将变成未来持续共享合作的新动力。更重要的是，在共享过程中所形成的新的共享资源将不断积累，形成共享合作良性循环的不竭动力。如参与合作的各方通过合作积累了信誉，将成为未来合作的信任信息，增加了通过合作获得合作收益的可能性。上一次形成的成功的合作制度和出现的问题，都是下一次共享合作制度设计的重要参考，减少了再次讨论合作制度的成本。

四、乡村共享发展的共享经济解决路径

进入城乡融合新发展阶段的乡村是多元主体协同发展的地理空间。实现乡村生产、生活、生态协同发展、全面振兴、乡村共享发展的目标，需要依托新的机制。Jan Donwe Van 在 2010 年发表的文章《乡村发展：从政策实践到理论探索》一文中提出，这种新的机制就是建立一个多赢的协同模式。这种多赢协同的模式包含着两个方面的内容，一是城乡资源利用范围的扩展，尤其是乡村更多资源的有效利用。除了土地、劳动力、资本等传统的经济发展要素之外，乡村中的生态系统、自然景观、动植物资源、传统工艺、社会关系、乡村企业家创造力等都是新的发展资源。二是城乡之间新的合作机制的建立。乡村过去长期生活的从事农业的人口与从城市进入乡村的非农业人员形成了合作组织、企业，生活在同一个社区，改变了城市与乡村的关系，促进新的社会网络的形成。通过新的合作关系形成，能够有效利用资源，推动乡村发展[4]。

（一）乡村资源的闲置及合作利用的问题

乡村发展资源的有效利用问题是当前解决乡村发展问题的突破口。解决这一问题首先需要分析乡村中发展资源的过剩与短缺并存的现象。

当前中国乡村尚存在土地资源、人力资源与资金等传统经济发展资源短缺与闲置并存的现象。"人多地少"引起的人地矛盾是我国发展的基本情况，我国户均土地面积仅为 2.96 亩，远低于世界平均水平。但随着劳动力进入城市、土地

产权不明晰与农业收入占比的不断下降,大量耕地被撂荒;乡村住宅每年大量修建,但却长期闲置;老旧的学校、村集体办公场所、厂房等生产、生活设施闲置的情况也日益突出。人力资源的过剩与短缺并存的问题也十分明显。目前在乡村中还生活着大量居民。2018年末,在我国常住人口城镇化比例高达59.95%的情况下,乡村仍有5.59亿常住人口,但推动乡村发展所需的优质人力资源却十分匮乏。乡村的发展资金也面临着短缺与大量低效率利用共存的问题。以"两减免三补贴"为代表的各类惠农政策力度不断加大,农业四大补贴的资金规模从2004年的150亿元增长至2014年的2000亿元。针对"大农业"的各类市场投资也快速提升,至2011年底,我国A股市场共有176家农业上市公司[5]。与此同时,民间资金、国际投资也涌入乡村发展的各个领域。但是乡村项目中占据大多数的中小企业和合作经济组织,由于规模小、管理机制不完善、法律地位模糊等问题,难以争取农业补贴,也很难获得其他资金的支持。

在这样的情况下,乡村本来拥有的良好的生态环境资源、景观资源、文化资源、旅游资源等优质资源难以得到有效利用。一方面,必须吸引外部优质资源和主体进入乡村,带动乡村发展;另一方面,这类资源本身具有非排他、非竞争的公共物品属性,其外部性会引起私人收益与社会收益、私人成本与社会成本不一致的问题,造成"公地悲剧"[6]。为了解决以上问题,实现乡村资源有效利用,必须依托多元利益主体的合作。这一合作既包括乡村内部主体之间的合作;也包括为了引入外部合作资源和利益主体参与乡村发展形成的合作[7]。

(二) 乡村发展的共享经济新途径

近年来随着互联网发展兴起的共享经济,为乡村资源有效利用问题的解决提供了一个可参考的新方案,乡村共享民宿案例也验证了这一思路的可行性。

共享经济(Sharing Economy)的概念最早在1978年,由美国伊利诺伊大学香槟分校社会学教授马科斯·费尔逊和琼·斯潘思,于《美国行为科学家》杂志发表的《社群结构与协同消费》一文中首次提及,是指通过社区共享公共物品,在满足日常需求的基础上与他人建立关系的日常活动[8]。随着商业案例的不断丰富,人们发现通过共享经济可以对社会中存在的各类型产权的闲置资源进行有效利用,还会在利用过程中形成新的共享资源,如制度、数据、组织、信誉、品牌、社会资本等,吸引更多参与者参与资源共享。共享经济还改变了人与人的关系。陌生人个体之间,通过沟通、共享,形成了共同的理念和松散的组织。基于合作行为记录和相互评价的信誉体系、资源共享及合作制度等,进一步扩展了合作的范围,提升了资源共享的效率,形成了从资源共享到合作扩展的良性循环。

共享经济的兴起为不同主体发展带来了新机遇。个人使用共享资源的能力甚至可以与企业媲美[9]。企业之间通过共享建立商业生态系统，相互共享优势资源，取长补短，建立共赢发展的商业生态系统[10]。人人共享、企业共享推动了产业的共享，驱动产业升级，并与社区的共享一起，形成共享的社会生态系统[11]。

共享经济本身并不是一个新生事物。即使在自然经济时代，在血亲之间、地缘相近的人群中、范围中也存在大量共享行为。通过以上梳理，我们可将共享经济定义为通过共享的合作制度，实现海量分散的个体和各类群体所拥有的闲置资源的整合，并形成多元利益相关方共赢的利益分配机制、高效的监督激励机制。共享经济在极大提升了闲置资源利用效率，降低了交易成本的同时，高效地实现了陌生人之间通过合作对共享资源的利用。

（三）共享经济于乡村的适应性

从城乡资源有效利用与多元主体合作机制建立的角度，共享经济回应了乡村资源利用的问题。共享经济于乡村的适应性主要体现在两个方面：

首先，共享经济扩展了乡村资源利用的范围。在狭义资源利用过程中，资源利用的范围被产权所约束，资源利用的模式被认为是单一的，大量可以被充分开发利用从而产生收益的服务价值被忽视，这无疑是在狭义的要素定义下对资源的一种异化。在共享经济中，资源可利用的范围和方式都有很大的扩展，逐渐回归到广义的资源定义：即通过对资源服务价值的有效利用获得收益。这一过程可用图4表示：通过利用主体重新识别出资源不同的服务价值，许多本来存在但并未得到有效利用的资源，能够通过共享经济实现有效利用，并在过程中获得收益，产生新的资源，吸引更多资源进入，实现了资源利用范围的扩展。这一转变突破了狭义资源定义对资源利用的限制，扩展了资源利用的范围。共享经济能够对乡村中存在的大量闲置资源，以及具有外部性的优质的公共资源进行有效利用。

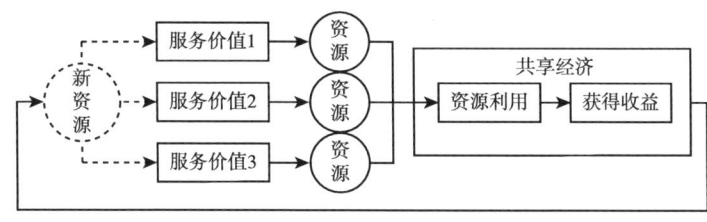

图4 共享经济中的资源利用范围的扩展

其次，共享经济中合作关系的特点与乡村中多元主体合作的特点相适应，有助于促进乡村多元主体合作关系的形成。乡村环境中的人与人之间的关系有着不同于城市的特点。乡村中的个体并没有像城市中一样被高度分工，许多村民在拥有土地从事农业生产的情况下，还从事着机械维修、零售、建筑工匠、手工艺、传统文化工艺等许多不同类型的工作，人的全面性在乡村是普遍存在的。而乡村人与人关系的形成并不是基于契约的，而是基于共享空间、共享生活经历和不断交往过程中积累的信誉体系。与共享经济一致，在乡村社区的环境中，相互监督、基于过去积累的信誉进行交往合作是更为常见的方式。最初共享经济行为在社区环境中出现，远远早于互联网的出现，可见乡村具有促进共享行为的环境。再到组织纬度，尽管乡村组织化发展仍然是乡村发展不可忽略的问题之一，但当从资源的共享属性和人与人关系的回归角度来思考乡村组织化发展的问题，许多过去困扰的问题都会变得豁然开朗。村民形成乡村聚落，相互协作生产生活，本质是一种围绕共享资源的合作组织。但这种围绕共享资源的合作组织与科层制的企业有很大不同，也不是市场化中的交易，更不是政府行政管理，更类似于奥斯特罗姆围绕公共资源治理问题所提出的多中心自治组织[12]。而且这一组织模式也能够适应多元利益主体共同参与的共享资源协同治理模式。

五、乡村共享经济发展建议与未来研究展望

在我国乡村全面振兴的新发展阶段，在城乡融合发展的过程中，乡村将获得新的发展机遇。共享经济为解决乡村资源的有效利用问题，促进城乡更大范围的合作带来了新的路径。

在乡村中开展共享经济项目，需要以重新发现乡村的视角，调研明确乡村可利用的各类发展资源的情况，才能吸引外部优质资源的加入。吸引外部优质资源进入乡村的方式是多元的，尤其是乡村发展所需的知识资源。通过科研项目转化、政策研究支持、商业建设项目等。在对当地发展情况和资源深入了解的基础上，还需整合政府政策资源，实现产业发展、基础设施建设、生态环境治理等多个目标。政策资源的整合能起到"集中力量办大事"的效果，有助于吸引内外部主体在乡村发展中形成综合性的体系。

在形成合作制度前，需要了解参与乡村发展项目的利益相关者的合作特征。参与合作的利益相关者具有多元化的特点。即便在村民群体中，也因个体特征和经历的不同，形成了不同的合作偏好。只有针对参与者的利益诉求设计合作制度，才能实现合作共享。在设计合作制度的过程中，还需加大力度促进多元利益

主体相互交流，有助于多元利益主体对合作制度形成共同的认识，促进合作的展开，便于化解合作中的矛盾。

乡村共享经济发展需要分步骤、分阶段进行。目前在我国广大的乡村生活的主要群体是年龄较大、教育水平较低、风险承受能力较弱的群体。在这样的环境下，推行共享经济这类创新项目，希望村民快速入股、风险共担、收益共享是不现实的。从试点项目开始，应优先吸引有意愿发展并有带动能力的群体参与合作，通过小的项目成功完成信任积累，形成基础的合作制度，能够最大程度减少不确定性，以最低成本提升了参与各方的能力。一旦成功，在共享经济合作秩序扩展机制的助推下，后续的合作范围扩展将十分迅速。

随着城乡不断共享资源融合发展，乡村共享经济实践中必将出现更多新内容、新方式，也将带来新的思考。随着对乡村共享经济理论创新的进一步研究，通过更多乡村共享项目的落地实施、分析和评价，将有可能形成一个可复制、可推广的，推动乡村全面振兴、城乡共享发展的共享经济新模式。

参考文献

［1］黄季焜，刘莹. 农村环境污染情况及影响因素分析——来自全国百村的实证分析［J］. 管理学报，2010，7（11）：1725-1729.

［2］郭廷忠，张超，张丽君. 中国农业污染问题研究［J］. 安徽农业科学，2009，37（4）：1773-1775.

［3］Hufty M. Investigating Policy Processes：The Governance Analytical Framework（GAF）［J］. Social Science Electronic Publishing，2011：403-424.

［4］Ploeg J D V D，Renting H，Brunori G，et al. Rural Development：From Practices and Policies towards Theory［J］. Sociologia Ruralis，2010，40（4）：391-408.

［5］付文阁. 中国大农业投资分析研究报告［M］. 北京：中国农业出版社，2012.

［6］Hardin G. The Tragedy of the Commons［J］. Science，1969，162（5364）：1243-8.

［7］吴理财. 农民合作能力（笔谈）——对农民合作"理性"的一种解释［J］. 华中师范大学学报（人文社会科学版），2004（1）：5.

［8］Felson M，Spaeth J L. Community Structure and Collaborative Consumption：A Routine Activity Approach［J］. American Behavioral Scientist，1978，21（4）：23.

[9] 魏拴成. 众包的理念以及我国企业众包商业模式设计 [J]. 技术经济与管理研究, 2010 (1): 36-39.

[10] 朱跃东, 柴欣. 商业生态系统理论的应用——基于阿里巴巴的分析 [J]. 中国商界, 2010 (2): 188-189.

[11] 宋逸群, 王玉海. 共享经济的缘起、界定与影响 [J]. 教学与研究, 2016, V50 (9): 29-36.

[12] 埃莉诺. 奥斯特罗姆. 公共事务的治理之道 [M]. 上海: 三联书店, 2000.

"分享"理念与中国特色社会主义政治经济学的新发展

韩 晶 北京师范大学经济与资源管理研究院

构建中国特色的社会主义政治经济学必须从我国改革发展的实践中挖掘新材料、发现新问题、提出新观点、构建新理论。习近平总书记指出,要立足我国国情和我国发展实践,揭示新特点新规律,提炼和总结我国经济发展实践的规律性成果,把实践经验上升为系统化的经济学说,不断开拓中国马克思主义政治经济学的新境界。分享经济作为一种新型经济业态,2008年以来,在我国蓬勃发展,分享领域不断扩大。分享经济的快速发展对促进我国经济转型,进而实现中国民族伟大复兴的中国梦具有重大的现实意义。分享理念根源于马克思主义,更是中国特色社会主义政治经济学的新发展。

一、分享理念与社会主义产权制度

马克思主义深刻揭示了自然界、人类社会、人类思维发展的普遍规律,为人类社会发展进步指明了方向。中国特色社会主义政治经济学的构建以马克思主义为指导,最为基本的是继承马克思主义政治经济学的基本范式并根据中国特色社会主义经济建设和改革开放的实践进行创新。马克思产权理论中蕴含着丰富的分享理念。分享经济的发展在一定程度上遵循了马克思的产权理论。这主要体现在:

第一,马克思产权理论从探究产权的本质出发,认为产权反映着经济关系的法律关系,是物的外壳掩盖下的人与人之间的社会经济关系。此外,马克思认为产权关系是一个历史范畴,随着客观经济活动的变化,产权关系也在不断变化与发展。在马克思看来,原始社会的公有产权以及资本社会以前的私有产权都不是纯经济性质的,由于各种自然的、政治的因素的局限性,劳动者之间、劳动者和剥削者之间的关系,表现为各种统治与从属的关系。这种不自由的,带有依附、从属特征的产权制度,不利于生产效率的提高。而资本主义社会的产权关系一方面刺激了生产效率得到很大提升,但另一方面其本质仍然是不平等的产权关系,使得资本主义产权制度对生产力进一步发展具有历史局限性。马克思认为，共产主义社会的公有产权将大大提高生产效率。他预言在未来的共产主义社会中，劳动者将共同占有生产资料因此将共同享用劳动成果。只有这样，才能消灭阻碍效率提高的制度性障碍，实现人类的全面发展。而西方经济理论从"理性经济人"的假设出发，认为人都是利己的。私有权是市场经济的基础，如果没有私有权，没有明确的权属，市场就无法正常发挥调配资源的作用。对此观点最著名的例证是"公地悲剧"，这个理论本身就如亚里斯多德所言："那由最大人数所共享的事物，却只得到最少的照顾。"而在分享经济的发展实践中，我们发现事实并非如此。分享经济在早期被称为"协同消费"，它所带来的是一种合作消费的生活方式。在仍保有财产所有权的基础上把闲置的使用权分享，分享经济的本质是一种使用权的分享。它带来一种新的产权观，可以称作"使用所有权"。呈现出双层结构模式：位于上层的是支配权，即财产的归属权；位于下层的则是使用权，即财产的利用权。其基本理念是："使用所有权"与"不使用即浪费"。通俗的说法是，分享型经济倡导"租"而不是"买"。因此可以看作是在使用权范围内的"公有产权"。分享经济是基于传统市场经济体制建立的一种"公有产权"的经济形态，这其中包括对居所、汽车、自行车、知识、衣物、课本等各种东西的分享和共有。这种经济形式通过互联网整合大量的闲置物品信息，并准确地提供给需求者。而需求者只需支付较少代价即可同他人共同分享一种产品或者服务。在分享经济中，资源使用者无需拥有一辆自行车，便可通过共享单车解决"最后一公里"的问题；可以借助知识分享平台，获得他人的思想和知识；可以通过短租来享受世界各地的民居。分享经济在大大减少资源浪费的同时，也大大扩展了人们的经验和快乐，扩展了人们实质的自由。事实上，分享经济理念为人们提供了一种并非需要占有来达成愿望、实现自由的途径，这与马克思所说的在共产主义社会下，人们可以追求自由而全面的发展是相通的。他认为，"共产主义是对私有财产即人的自我异化的积极的扬弃，因而是通过人并且为了人而对人的本质的真正的占有；因此，它是人向自身、向社会的人的复归，这种复归是完全的、自觉的而且保存了以往发展的全部财富的"。

第二，马克思在产权结构变化的理论中认为，权利可以发生分离与组合。马克思没有把财产权看作是单一的权利，而是看作一组权利的结合体，即除了所有权，马克思还研究了占有权、使用权、支配权、经营权、索取权和不可侵犯权等一系列权利。在很多情况下，这些权利是可以分解和重新组合的。分享经济的另一个重要特征即是重视使用权而淡化所有权，有利于增强资源的流通，提高资源使用效率。对于拥有者而言因为私有化而没有得到充分利用的资源，如今获得更广阔的利用价值。正如马克思产权理论提到的存在权利的所有权和使用权相分离的情况,马克思的产权理论还体现了各种权利分离的社会历史作用,进一步分析了各种权利分离对生产力发展和生产关系变革所带来的影响。例如在资本主义制度下,土地所有权和经营权的分离既解决了购买土地和投资经营的矛盾,又促进了农场经营者改进技术和改善经营管理,从而促进了农业生产力的提高。但是这种分离也造成消极影响那就是土地所有者不愿为农田水利基本建设增加投资和土地经营者在承租期内的掠夺式经营。在分享经济中,通过使所有权与使用权相分离,采用以租代买,以租代售的方式让渡产品的部分使用权从而极大地提升了资源利用效率。分享经济将更多的私人物品在不改变所有权属的基础上让更多的人以较低的价格分享,使人们更加重视使用权。分享经济的本质其实是弱化"所有权",强调"使用权"。同时,分享经济也在促使产权私有观念向产权共享观念转变。提升资源配置效率的核心是自由有序的流动,明确产权归属的初衷也是为了便利流动,是手段不是目的,技术的发展使得明晰产权对于流动效率的提升不再必要。

此外,分享经济所倡导的分享理念又进一步发展了马克思的产权理论。首先,关于产权的历史变迁,在社会生产力发展的推动下,分享经济得以产生。人们在分享经济模式下建立的一系列生产关系可以看成是共产主义社会的公有产权的雏形,这丰富了马克思产权理论的内容。其次,在马克思提出的产权结构变化的理论中,他提到在一定社会和历史条件下权利发生分离和组合。在分享经济中,产品的所有权和使用权发生转移。这丰富了马克思产权结构变化的内容。在分享经济所有权与使用权的分离,提升了资源利用效率,有利于经济社会的可持续发展。分享经济下所产生的产权关系,是社会发展到一定阶段的必然。分享经济是通向共产主义的桥梁,分享经济的"分享"理念距离共产主义的理念更近,自由、平等、可持续、按需分配,这些关键词都可以在分享经济中得到体现。马克思对资本主义命运的预言、对于扬弃资本主义的新社会的描述,在今天看起来的确是在逐步地兑现。

因此,分享经济中所倡导的分享理念不仅遵循了马克思产权理论的内容,而且丰富了中国特色社会主义产权理论的内容,是新的历史条件下分享理念进一步发展马克思产权理论的产物,是中国特色社会主义政治经济学的新发展。

二、分享理念与发展社会主义生产力

社会主义的根本任务是解放生产力和发展生产力。坚持解放和发展生产力原则是马克思历史唯物主义和辩证唯物主义的基本方法和历史观的要求,是党在社会主义初级阶段基本路线的根本要求,更是发展和运用中国特色社会主义政治经济学的基本方法和原则。根据《共产党宣言》,无产阶级夺取政权以后,主要任务是要"尽可能地增加生产力的总量"。原因是社会主义最终取代资本主义的物质条件是其生产力水平达到并超过资本主义的水平,贫穷不是社会主义。我国目前还处于社会主义初级阶段,这个阶段的社会主义的本质就是解放生产力和发展生产力,消灭剥削,消除两极分化,逐步达到共同富裕。因此,处于社会主义初级阶段的中国特色社会主义政治经济学必须把对生产力的研究放在重要位置。

"分享"理念的发展即是生产力水平发展到一定阶段的产物。在传统农业社会中,便蕴藏着分享、互助的生产关系。但是,来自人类互助合作天性的分享,是如何从小圈子熟人范围内的临时替补性活动,发展成为大规模改变生活、商业方式的"分享经济"的呢?其中生产力的发展是其根本原因。其一是经济发展水平的大规模提升。只有人们生活到达一定富裕程度,拥有更多物品,才有可能拿出来与他们共享,而且必须是不会很快被消费掉的"耐用消费品",比如房子、车子,等等。其二是技术水平的进步。马克思提出"科学技术是生产力",邓小平同志又进一步提出"科学技术是第一生产力"。邓小平同志的这一论断,体现了马克思主义的生产力理论和科学观。分享经济的产生是科学技术发展到一定阶段的产物,它的实现需要依托一系列现代科学技术包括互联网(尤其是移动互联网)、云计算、大数据、物联网、移动支付、基于位置的服务(LBS)等一系列现代高新技术及其创新应用的发展。

"分享"理念不仅是生产力发展进步的产物,而且对于贯彻落实新的发展理念,在经济新常态的背景下推动生产力进步具有重要作用。党的十八大以后我国经济发展进入新阶段,其特征是:一方面中国的经济发展摆脱了低收入阶段进入中等收入阶段,面临的发展问题已不是摆脱贫困问题,而是跨越"中等收入陷阱",在实现全面小康基础上向现代化迈进的问题。另一方面,经济发展进入新常态。增长速度从高速转向中高速;发展方式要从规模速度型转向质量效率型;经济结构调整从增量扩能为主转向调整存量、做优增量并举;发展动力从主要依靠资源和低成本劳动力等要素投入转向创新驱动。面对经济增长新常态,需要有新的战略思考,在供给推动力消退的情况下,要达到经济的可持续的中高速增长,需要积极寻求发展生产力的新动力。

第一,"分享"理念有利于解放生产力。分享经济从制度层面解放了束缚生产力发展的诸多方面。它使得社会当中"拥有生产资料,拥有生产技能,拥有生产时间,拥有市场需求这些要素或者资源"的人,可以自由地进入到某一个领域的自由生产当中。从这个层面上讲，它是对社会潜在生产力极大的解放。

第二，"分享"理念有利于发展生产力。目前，我国发展生产力的首要方法是实施创新驱动发展战略，以创新谋发展。最早提出创新思想的是马克思。党的十八大提出创新驱动经济发展，十八届五中全会则明确提出"创新发展"的概念，并把它看作是引领发展的第一动力。创新作为新的发展方式的提出是中国特色社会主义政治经济学的理论创造。分享经济打破了传统规则，是一种新的经济形态、新的资源配置方式和新的发展理念。集中体现了技术创新、制度创新和商业模式创新，是贯彻创新发展理念的成果，其本身成为最活跃的创新领域。在经济新常态下发展生产力，需要创新。其一是发展方式的转变，发挥科技创新的引领作用。分享经济的快速发展将推动科技创新的进步。恩格斯指出："社会上一旦有技术上的需要，则这种需要会比十所大学更能把科学推向前进。"分享型经济是依托于高科技的新业态，其不断发展需要科技水平的不断更新换代，必将不断推动技术进步。其二是加快产业结构的转型。我国正处于经济结构转型升级的关键阶段，也是新旧动能转换的关键阶段。分享经济通过与实体经济相融合使得"分享"理念在传统行业中不断扩展。预计未来几年在产品、空间、资金、知识技能、劳务、生产能力等领域将出现越来越多的新型平台企业。"分享"理念对提升传统动能、淘汰落后产能、扩大有效供给、推动传统产业迈向中高端发展都将发挥重要作用。其三是"大众创业，万众创新"。"分享"理念使得生产要素的社会化使用更为便利，企业和个人可以按需使用设备、厂房、资金、人员及其他闲置生产能力，在更大范围内实现了生产要素与生产条件的最优组合，使得创新创业门槛更低、成本更小、速度更快、参与更广。从实践发展看，分享经济已成为在"大众创业，万众创新"表现最活跃的领域，成为在数字经济时代独具特色的新业态。近年来出现的科技创新"独角兽"企业中，分享型企业往往都占到三分之一以上。

第三，"分享"理念有利于保护生产力。2013年5月24日，习近平总书记在主持中共中央政治局第六次集体学习时强调："牢固树立保护生态环境就是保护生产力、改善生态环境就是发展生产力的理念。"绿色发展理念是马克思主义生态文明理论同我国经济社会发展实际相结合的创新理念，是深刻体现新阶段我国经济社会发展规律的重大理念。绿色发展是最重要的发展理念和最根本的发展模式。"分享"理念符合绿色发展要求，通过调整社会存量资产实现产品和服务的合理分配和资源及商品最大程度的利用。分享经济通过物尽其用，实现了经济增长与环境保护的统一。此外，分享型经济还倡导绿色消费，有助于实现生产方式和生活方式的绿色化，是我国迈向生态文明时代的新路子。

三、分享理念与社会主义市场经济制度构建

社会主义市场经济制度是对马克思经济理论的突破。习近平同志指出："坚持和发展中国特色社会主义政治经济学，要以马克思主义政治经济学为指导，总结和提炼我国改革开放和社会主义现代化建设的伟大实践经验，同时借鉴西方经济学的有益成分。"研究我国改革开放的轨迹可以发现，每一次重大改革都是市场经济理论取得重大突破以后产生的，而且每一次重大突破的改革取向都是调整和优化政府和市场的关系。坚持社会主义市场经济的改革方向，既是我国改革发展实践需坚持的基本原则，也是中国特色社会主义政治经济学的主题。党的十八届三中全会确认市场在资源配置中起决定作用并要求更好发挥政府作用。这是我国社会主义市场经济理论的重大突破，也是马克思主义经济学中国化的重要成果。

坚持社会主义市场经济的改革方向需要把握两方面问题：一方面是如何发挥市场的激励作用，使市场在资源配置中起决定作用；另一方面是如何更好地发挥政府的作用。"分享"理念的发展需要更好地完善社会主义市场经济制度。在"分享"领域如何处理好政府与市场之间关系，以实现激励机制与约束机制的统一，是目前中国特色社会主义政治经济学面临的一项重大课题。

"分享"理念首先需要以市场为基础进行资源配置。市场决定资源配置是市场经济的一般规律。党的十八大报告提出要继续深化改革，尤其重点是将市场能高效决定而由政府在决定的事情交还给市场。市场供给和市场需求是社会主义市场经济运行中两个最基本的构成要素。在价值规律、供求规律和竞争规律的交互作用下，市场供求关系调节商品价格，而价格的高低又调节市场供求，供求机制和价格机制相互作用，调节着社会资源的合理配置。分享经济本身是个高度市场化运行的平台，可以通过市场化机制调节供求，让资源流动起来。例如网约车，实际上就是利用移动互联网技术，把不同的时间和空间上的剩余车辆整合到一个平台上，解决了车辆供给与需求之间的信息不对称问题，从而实现人人随时随地地分享车辆。因此分享经济也被称作应需经济，即有需求就有供给。此外，分享经济也很善于利用价格机制，例如网约车系统采用动态定价模式，如果在需求比较旺盛时期，价格也会相对较高。再次，分享经济中也存在着大量竞争，分享经济在中国发展速度很快，在交通出行、房屋住宿、生活服务等发展较早的领域，出现多家企业竞争的盛况，在分享经济的快速成长期竞争加剧后，也出现了大的并购和战略合作的情况，对行业竞争格局产生了深远的影响。例如在交通出行领

域2016年滴滴出行与优步中国的合并，生活服务领域中，途家通过并购蚂蚁短租及携程旅行网、去哪儿网旗下的公寓民宿业务，使其业务链得到拓展。这些都是市场化运行的结果，市场配置资源得分享领域充满生机和活力。

但是，"分享"理念的发展也需要更好地发挥政府作用，为其提供完善的发展平台。习近平同志指出"我国实行的是社会主义市场经济体制，我们仍然要坚持发挥社会主义制度的优越性，发挥党和政府的积极作用"在市场经济运行中，政府的一个重要职责是市场监管。分享经济作为互联网时代的新生事物，发展变化快，现有的法律法规无法适应分享经济发展的需要。这就要求政府根据分享经济发展实际调整管制政策，例如，分享经济多为平台企业，它们的法律地位和责任界定不清；关于平台的性质认定、行业归类、新型劳资关系、从业者和平台的税收征缴等尚无明确规定。在这种情况下，如若不对现有不合理的法律法规加以修订，就会导致大量的分享经济活动处于灰色地带，甚至有"违法"嫌疑。又如，分享经济的发展对行政法财产用途管制制度、市场准入管制制度和职业资质管制制度构成极大挑战，滋生大量行政法意义上的"非法"活动。这种挑战是分享经济创新性和法律滞后性的自然结果，恰恰要求行政法规制必须与时俱进、实现变革。另外，政府应优化职能，注重保护分享经济发展，建立服务型政府。2016年政府工作报告明确提出"以体制机制创新促进分享经济发展"。分享经济是一种数据驱动型的经济，许多创新性的分享实践都需要大量的公共数据的支撑，而这些数据大都掌握在政府手中，这就需要政府能优化其职能，与分享企业合作，为分享经济的发展提供良好的政策平台。

四、分享理念与以人为本

马克思主义经济学代表全体人民的根本利益。无产阶级夺取政权以后，其阶级利益代表全体人民的根本利益，因此中国特色社会主义经济学以人民为中心，服务于人民的福祉和共同富裕。在《共产党宣言》中，马克思论述道，"代替那存在着阶级和阶级对立的资产阶级旧社会的，将是这样一个联合体，在那里，每个人的自由发展是一切人的自由发展的条件"。马克思认为，个人获得自由发展是一个理想社会的重要条件，个人的自由发展和他人的自由发展是可以并存的。人的全面发展是共产主义社会的本质规定，没有人的全面发展就没有共产主义社会。共同富裕，是马克思主义的一个基本目标，是自古以来我国人民的一个基本理想，也是中国特色社会主义的本质要求。反映了我们党全心全意为人民服务的根本宗旨，反映了人民是推动发展的根本力量的唯物史观。

改革开放以来，我国生产力快速发展，但是没有同时促进社会主义经济关系的发展与完善。没有有效实现社会主义本质所要求的消灭剥削、消除两极分化，逐步实现共同富裕。出现了收入差距严重扩大的趋势，产生了贫富分化。长期以来，我国的经济发展都是以 GDP 为导向，可以说是以物为本的经济发展。经济进入新常态后，应逐步转向以人为本的经济发展。民为邦本，本固邦宁。只有落实以人民为中心的发展思想，实现好、维护好、发展好最广大人民群众的根本利益，才能最充分地调动和激发蕴藏在人民群众之中的积极性、主动性和创造性。十八届五中全会提出："坚持共享发展，必须坚持发展为了人民、发展依靠人民、发展成果由人民共享，做出更有效的制度安排，使全体人民在共建共享发展中有更多获得感，增强发展动力，增进人民团结，朝着共同富裕方向稳步前进。"分享经济作为一种新型经济业态与我国政府所倡导的发展目标是不谋而合的。分享经济的"分享"理念与共享发展的含义不同，却趋同于共享。分享经济充分调动了各阶层、各地区人们的积极性，真正做到了人人参与、人人尽力，人人共享。改革开放以来，随着人们生活水平的提高，人们的观念也发生了改变，除了常规化的物质需求，人们的精神需求层次越来越高，而且需求呈现多元化的发展趋势。分享经济是由分散独立个体参与的新经济体系，能为社会提供丰富资源的同时，也将更好地满足人们的差异化需求。马克思曾指出，"不论生产的社会形势如何，劳动者和生产资料始终是生产的因素"，因此可知在经济发展过程中国家既要丰富社会资源，又要注重人的提高。此外，分享经济的快速发展，分享领域的拓宽，让更多的人参与进来，还有利于增加经济的包容性，促进机会公平、社会流动。在"分享"理念中，以人为本不仅是发展的目的，还是发展的手段。人民群众不仅能够公平地分享发展的成果，还能以实际行动参与到其中支持发展。国家助力分享经济，是发展战略从"以物为本"到"以人为本"的深刻转变。

社会主义的政治经济学的新发展，就是在马克思主义理论的指导下，本着人民群众"共同建设、共同享有"的原则，"从人民伟大实践中汲取智慧和力量，对人民群众在实践中创造的新鲜经验进行及时的总结，始终植根于人民、造福人民，始终保持党同人民群众的血肉联系，始终与人民心连心、同呼吸、共命运。"

分享理念是生产力发展到一定阶段的必然，在一定程度上体现了生产关系的变革，是中国特色社会主义政治经济学的新发展。分享理念的提出开辟了中国特色社会主义政治经济学研究的新境界。基于社会主义初级阶段的社会主义本质要求，进一步通过分享理念的深化，将解放生产力、发展生产力，促进产权结构创新，建立新型的社会主义生产关系，完善社会主义市场经济制度，建立以人为本的经济发展模式形成系列化的经济学说,可以说是中国特色社会主义政治经济学的开创性研究,有重大的理论和现实意义。由此构建的经济发展理论既有世界性又有民族性。

参考文献

[1] 杜欣月. 马克思产权理论与西方产权理论的主要分歧及其现实意义 [J]. 经济研究导刊,2011 (27).

[2] 国家信息中心分享经济研究中心、中国互联网协会分享经济工作委员会. 中国分享经济发展报告2017 [R],2017 (2).

[3] 洪银兴. 市场对资源配置起决定性作用后政府作用的转型 [J]. 经济研究,2014 (1).

[4] 洪银兴. 以创新的理论构建中国特色社会主义政治经济学的理论体系 [J]. 经济研究,2016 (4).

[5] 洪银兴. 中国特色社会主义政治经济学理论体系构建 [M]. 北京:经济科学出版社,2016.

[6] 黄泰岩. 在发展实践中推进经济理论创新 [J]. 经济研究,2017 (1).

[7] 李宁. 从马克思主义溯源分享经济的产生与发展 [J]. 科技经济导刊,2016 (11).

[8] 刘波. 产权本质:马克思与现代学者比较分析 [J]. 经济与社会发展,2005 (10).

[9] 刘伟. 在新实践中构建中国特色社会主义政治经济学 [N]. 人民日报,2016 - 08 - 01 (019).

[10] 马克思. 1844年经济学哲学手稿 [M]. 北京:人民出版社. 2000.

[11] 马旗戟. 网约车创新是社会共识构建的最好实践 [J]. 小康,2016 (17).

[12] 卫兴华. 中国特色社会主义经济理论体系研究 [M]. 北京:中国财政科学出版社,2015.

[13] 习近平. 关于《中共中央全面深化改革若干重大问题的决定》的说明 [N]. 人民日报,2013 - 11 - 16.

[14] 习近平. 在十八届中共中央政治局第一次集体学习时的讲话,2012 - 11 - 17.

[15] 张效羽. 互联网分享经济对行政法规制的挑战与应对 [J]. 环球法律评论,2016 (5).

[16] 中共中央马克思恩格斯列宁斯大林著作编译局. 马克思恩格斯文集（第10卷）[M]. 北京：人民出版社，2009.

[17] 朱春燕.《资本论》产权思想研究[M]. 北京：中国社会科学出版社，2008.

[18] 卢现祥. 共享经济：交易成本最小化、制度变革与制度供给[J]. 社会科学战线，2016（9）.

从共享发展理念看能源高质量发展

林卫斌　北京师范大学经济与资源管理研究院
范文钋　北京师范大学经济与资源管理研究院
张琪惠　中国兵器工业规划研究院

党的十九大报告指出，我国经济已由高速增长阶段转向高质量发展阶段。"创新、协调、绿色、开放、共享"是党的十八届五中全会提出的五大新发展理念，也是我国经济高质量发展的必然要求和基本准则。作为国民经济和社会发展的基础性行业，能源的高质量发展也必须遵循创新、协调、绿色、开放和共享的基本准则。所谓共享发展，核心是要使全体人民在共建共享发展中有更多获得感。对于能源事业，共享发展首先要求全体人民都能获得现代能源服务，即实现能源普遍服务；其次，要求尽可能地降低全体人民的能源使用成本，共享能源科技进步等发展成果。不管是实现能源普遍服务还是降低用能成本，有效的制度安排至关重要。

一、能源普遍服务

对于多数公共事业，普遍服务有三层基本含义：一是为所有消费者提供服务；二是必须持续、稳定地提供服务；三是价格水平保证每个消费者都能支付得起[1]。中国在推进能源普遍服务的工作上已经取得了显著的成就，尤其以电力行业取得的成就最为突出，但是由于起步较晚，目前我国能源普遍服务还存在一些问题亟待解决。

（一）国际上能源普遍服务的总体情况、典型经验

1. 美国农村能源普遍服务制度

20世纪30年代，美国农村用电普及率较低，只有11%的人口用得上电。为了解决农村用电问题，美国联邦议会于1935年5月通过了《农村电气化法》，制定了向农村供电可享受30年低息贷款的电网建设投资政策。同时，设立农村电气化局，负责农电工程项目审批，监督贷款的发放与使用，制定和颁布农村电力

技术标准和有关管理制度,对农村供电企业提供技术指导。为了改变私人供电商因农村供电效益低而不愿承担发展农村电力任务的状况,美国政府提倡在农村建立非营利性电力合作社。通过上述政策措施的实施,有效地加速了农村电气化进程,到60年代,美国农村已基本实现了电气化。目前,全美共有1000家农村电力合作社,拥有全国近一半的配电线路,供应范围占到了全国3/4的面积,并将每英里线供电成本控制到低于私人电企和公共电力机构[2]。

2. 英国温馨家庭抵扣计划

英国温馨家庭抵扣计划承担了电力普遍服务的责任。该计划将资助对象分为两个部分,分别为核心资助对象和扩大资助对象。其中,核心资助对象的申请条件是拥有养老金信用贷款的家庭,该类用户绝大部分通过养老金管理机构和电力供应商共享部分数据自动匹配确定;当燃料贫困率(必需燃料成本占收入的比重)大于10%时可以申请为扩大资助对象。

英国温馨家庭抵扣计划的资金来源并没有固定的基金和补助,而是通过提高工商业用户的电价来补偿电力供应商的成本。但工商业用户并没有承担更多的用电负担,原因在于直接能源成本在总成本中所占的比例相对较小和政府对大型企业尤其是高耗能企业给予公司更多税收优惠。

3. 法国电力普遍服务制度

法国电力公司(EDF)是提供全法电力产品与服务的主要主体,2000年开展的法国电力体制改革的首要任务就是对EDF进行重组与股份制改革,逐步引入竞争、放开市场,政府也由过去的垂直领导变为现在的适度干预,在一定程度上保障了电力普遍服务机制的运行。法国设立了普遍服务基金来补偿服务供应者的成本损失。按照法国法律法规的规定,EDF及法国电网公司在承担了电力普遍服务职责向社会公众提供相应服务后,其开支将会得到普遍服务基金的补偿。

在具体实施电力改革与推进电力普遍服务机制的进程中,法国一直强调立法的作用,用法律法规指导改革的运行。2000年开始施行的法国《电力法》为电力市场的放开设置了明确的时间表,同时成立了电力监管委员会具体负责监管电力普遍服务机制的落实。2015年,法国政府与法国电力公司签订了《公共服务合同》,合同规定了EDF及其旗下电网公司必须向社会公众提供有质量保证的电力服务,且不得设定时间限制[3]。

参考美国等发达国家实现能源普遍服务的方法,可以总结出一些经验,一是在政府及相关监管部门的牵头下设立普遍服务基金,同时明确基金的筹措来源。二是充分体现能源普遍服务的公共福利性质,明确补贴对象和补贴力度,努力消除能源贫困。三是明确监管机构及其职责,并制定能源普遍服务行业的法律法规。

（二）我国能源普遍服务取得的成绩

伴随着两次电力体制改革，我国能源普遍服务取得了历史性的成绩，服务质量不断提升，服务范围日益扩大。2002年2月，国务院颁布的《关于印发电力体制改革方案的通知》（国发〔2002〕5号，以下简称电改5号文）首次在正式文件中提出了电力普遍服务的目标，并由国家电力监察委员会承担具体政策的落实和监管职责。电改5号文发布以来，电力体制改革逐步获得了推进，电力普遍服务水平也得到了提高。"村村通"工程、农电"三为"服务、"两改一同价"工程、"电力扶贫共富项目""电网一体化"等都是电力普遍服务政策的实践表现。在此基础上，国家能源局于2013年正式启动《全面解决无电人口用电问题三年行动计划（2013~2015年）》。至2015年底，随着青海省果洛藏族自治州班玛县果芒村和玉树藏族自治州曲麻莱县长江村合闸通电，全国如期实现"无电地区人口全部用上电"目标[4]。

2015年3月，国务院发布了《关于进一步深化电力体制改革的若干意见》（中发〔2015〕9号，以下简称电改9号文）。电改9号文中提到，通过农网改造和农电管理体制改革等工作，农村电力供应能力和管理水平明显提升，农村供电可靠性显著增强，基本实现城乡用电同网同价，无电人口用电问题基本得到解决。电改9号文肯定了过去十几年来电力体制改革过程中电力普遍服务制度获得的成就，并对普遍服务提出了更高的要求，强调电力体制改革的重点任务包括保障电网公平无歧视开放，按国家规定履行电力普遍服务义务。

2015年，国家电网实现网内户户通电，解决了无电人口的用电问题，通电率正式达到100%。不过，当时的"户户通"只能保证照明用电（220V），无法满足机械设施的用电需求。为解决这一问题，国家电网实施了新一轮农村电网改造升级工程，确定了"十三五"期间七项重点任务："井井通电"工程、小城镇（中心村）电网改造升级、村村通动力电（380V）、光伏扶贫项目接网工程、西部及贫困地区农网供电服务均等化、东中部地区城乡电网一体化和西藏、新疆以及四川、甘肃、青海三省藏区农村电网建设。截至2017年9月25日，前三项工程宣布完成。这三项工程覆盖国网经营区内26个省、区、市，除西藏外全部实现村村通动力电。农村用电从"点灯看电视"升级到了电力化生产，用电从消费层面进步到生产层面。

（三）目前我国能源普遍服务存在的主要问题

1. 缺乏成熟的普遍服务基金制度

我国还未建立成熟的普遍服务基金制度，普遍服务基金是指政府依照相关法律法规的规定向社会特定对象征集资金后,通过市场方式对基金进行有效配置。厂网分开后的供电企业,必然以追求利益的最大化为目标,所以企业很难不顾企业效益去为落后地区和弱势群体提供普遍服务。因此必须设立专门的电力社会普遍服务基金,用来补偿向落后地区和弱势群体提供优惠服务的供电运营商。

2. 地区之间普遍服务进展不均衡

当前电力普遍服务的提供方式是国家电网公司与省、自治区、直辖市政府共同出资,不同地区之间基础电力设施和财政收入都存在差距。发达地区电力设施完备,普遍服务压力小,同时这些地区经济发展迅速,财政收入较多,可拿出足够的资金进行电力普遍服务的建设。西部偏远地区电力设施欠缺,地理条件恶劣,普遍服务工程所需资金量巨大,而且这些地区经济发展缓慢,财政收入较少,很难拿出资金进行电力普遍服务的建设。

3. 普遍服务导致的低效率

普遍服务的提供者仍是国有垄断经营企业,在竞争不足的情况下,必然会产生原有国有电力公司的低效率问题。原因是国有企业不是真正的决策者,也不以利润为主要目标,因此,自然不承担市场风险,一切亏损都由政府财政补贴,不存在破产倒闭的压力。在农网改造工程中,1999年全国批复的总投资规模是1820亿元,2004年全国一、二期农网改造投资的实际规模2885亿元,2006年农网改造资金累计投入达3800亿元。从中可反映电网企业预算的软约束和资源配置的低效率。

4. 相关法律法规的不健全

市场的自发调节并不能够保证电力普遍服务的妥善供应,必须依靠国家制定相关的法律法规确保电力普遍服务规范有序进行。现有的电力法规不能满足电力普遍服务工作的需要。《中华人民共和国电力法》(2018修正)中依旧缺乏关于电力普遍服务所应遵循的原则、目标、客体、成本计算和补偿方法等基本内容[5]。

二、降低用能成本

(一)近年来我国降低用能成本的政策与进展

2015年以来,政府在推进供给侧结构性改革、降低实体经济用能成本方面取得积极进展。据测算,每年可减少企业用能支出约1900亿元。在三个方面取得了巨大进展。一是通过实施煤电价格联动,两次下调工商业销售电价,减少工商业用电支出约 835 亿元。在深圳、内蒙古西部、湖北等 7 地区开展输配电价改革，降低输配电费用约 80 亿元，试点范围已扩大至全国 18 个省级电网。二是通过完善基本电价执行方式，放宽用电企业申请调整计费方式、减容、暂停的政策条件，减轻大工业用户基本电费支出约 150 亿元；将非居民用天然气门站价格每立方米降低 0.7 元，减轻下游用气企业负担 430 亿元以上；取消中小化肥优惠电价的同时，降低其他终端企业电价，在 21 个省份减少企业电费支出约 168 亿元。三是在推进市场化降低成本方面，政府一直在大力推动电力直接交易，减少大用户用电支出约 215 亿元[6]。

为了改善营商环境，为商贸行业发展注入了政策红利，政府多次提出降低一般工商业电价。2018 年 3 月 5 日在第十三届全国人民代表大会第一次会议上，国务院总理李克强提出降低电网环节收费和输配电价格，一般工商业电价平均降低 10%。2019 年 3 月 5 日在第十三届全国人民代表大会第二次会议上，国务院总理李克强在政府报告中提出以改革推动降低涉企收费。深化电力市场化改革，清理电价附加收费，降低制造业用电成本，一般工商业平均电价再降低 10%。

表 1　　　　　　　　2015 年以来有关工商业电价政策汇总

序号	文件名称	文件编号	主要内容
1	《关于降低燃煤发电上网电价和工商业用电价格的通知》	发改价格〔2015〕748 号	全国燃煤发电上网电价平均每千瓦时下调约 2 分钱，全国工商业用电价格平均每千瓦时下调约 1.8 分钱。
2	《关于降低燃煤发电上网电价和一般工商业用电价格的通知》	发改价格〔2015〕3105 号	全国燃煤发电上网电价平均每千瓦时下调约 3 分钱全国一般工商业销售电价每千瓦时下调约 3 分钱。
3	《关于降低一般工商业电价有关事项的通知》	发改价格〔2018〕500 号	分两批实施降价措施，落实一般工商业电价平均下降 10% 的目标要求。
4	《关于电力行业增值税税率调整相应降低一般工商业电价的通知》	发改价格〔2018〕732 号	电力行业增值税税率由 17% 调整到 16% 后，腾出的电价空间，全部用于降低一般工商业电价。
5	《关于利用扩大跨省区电力交易规模等措施降低一般工商业电价有关事项的通知》	发改价格〔2018〕1053 号	将扩大跨省区电力交易规模、国家重大水利工程建设基金征收标准降低 25%、督促自备电厂承担政策性交叉补贴等电价空间，全部用于降低一般工商业电价。
6	《关于降低一般工商业目录电价有关事项的通知》	发改价格〔2018〕1191 号	采取 8 项降价措施及挖掘本地降价潜力后，一般工商业目录电价降幅未达到 10% 的地区，再部署 3 项措施降低一般工商业电价。
7	《关于电网企业增值税税率调整相应降低一般工商业电价的通知》	发改价格〔2019〕559 号	电网企业增值税税率由 16% 调整为 13% 后，省级电网企业含税输配电价水平降低的空间全部用于降低一般工商业电价。

(二) 用能成本的国际比较

经过长期的电价调整，我国用能成本尤其是一般工商业电价水平不断下降，但是仍存在电价设置不合理、低成本工商业电价补贴高成本的居民用电等问题。如表2所示，第一，从绝对值看，中国的居民电价较低，仅为0.088美元/千瓦时，甚至低于油气产国挪威的电价水平，仅为OECD（经济合作与发展组织）国家的一半水平。而工业电价相对较高，与OECD国家的平均水平基本持平。其中，欧盟国家和日本的居民电价偏高主要是因为燃料进口导致的发电成本较高。第二，表中除中国以外的其他国家，居民电价与工业电价的比值均大于1，即居民电价高于工业电价。这与其实际成本是一致的[7]。

表2　2015年中国与OECD部分国家平均用电价格比较

	居民电价 （美元/千瓦时）	工业电价 （美元/千瓦时）	居民电价与工业电价之比
奥地利	0.222	0.109	2.037
比利时	0.227	0.107	2.121
智利	0.158	0.115	1.374
捷克	0.147	0.098	1.500
丹麦	0.337	0.086	3.919
芬兰	0.169	0.085	1.988
法国	0.182	0.110	1.655
匈牙利	0.128	0.100	1.280
爱尔兰	0.253	0.133	1.902
日本	0.225	0.162	1.389
挪威	0.095	0.035	2.714
英国	0.237	0.146	1.623
美国	0.127	0.069	1.841
OECD欧洲国家	0.196	0.126	1.556
OECD国家	0.157	0.105	1.495
中国	0.088	0.103	0.854

资料来源：中国数据来自国家能源局《2015年度全国电力价格情况监管通报》；其他国家数据来自IEA. Energy prices & taxes，2016。

如表2所示，我国目前居民电价与工业电价之比明显小于其他国家，也是表中唯一一个居民电价低于工业电价的国家。电力系统对各类用户的供电成本主要由用户的用电电压等级和用电负荷率决定。居民用电一般位于电网供电终端，电压等级最低，且主要集中在电力系统高峰时段用电，因而其供电成本是最高的，但却没有承担相应的价格。这是因为政府在制定电价政策时，考虑到社会稳定和居民承受力等问题，人为地降低居民电价，对其实行交叉补贴。

虽然交叉补贴在一定程度上扩大了用电范围和居民的支付能力，保障了居民基本生活用电。但随着我国电力市场化改革不断深化，交叉补贴的种种弊端逐渐显露出来。第一，交叉补贴实质是价格扭曲，不能反映真实的电力成本；第二，工商业承担较高电价引起生产成本的上升，厂商会通过提高产品价格的方式将用电负担转移到消费者身上；第三，由于补贴机制的缺陷，交叉补贴最后的受益者大部分是不需要补贴的高收入群体[8]。目前的电力交叉补贴机制既不公平，又导致了企业用能成本偏高，因此需要进行改革。不同时期的学者们也提出了改进意见，如阙光辉（2003）提出的建立电价的价格联动机制，使大用户直接面对批发电价，对他们收取实时电价；林伯强（2009）提出的对居民用电依照收入进行划档征收电费；王成仁（2019）提出的参考发达国家做法，建立电力普遍服务基金替代交叉补贴[9~11]。

三、落实能源共享发展需要有效的制度安排

不管是实现能源普遍服务还是降低用能成本，有效的制度安排至关重要。制定完善的能源普遍服务政策为能源共享发展提供依据和保障；深化能源体制改革为能源共享发展提供制度保障。

（一）完善能源普遍服务政策

我国目前为促进能源普遍服务所采用的政策工具主要是采用价格补贴作为成本补偿方法，这导致了严重的政企不分的问题，为了解决这一问题，需要能源普遍服务政策的不断调整和完善。

首先将补贴和交叉补贴从能源价格中剥离，明确由能源企业作为能源普遍服务的实施主体，政府建立能源普遍服务基金或者通过财政补贴、税收减免等激励政策补偿能源普遍服务的成本。其次，明确能源普遍服务的监管内容，要确保从能源设施的开放性到能源服务的透明度都纳入监管范围。为了保证监管过程中有法可依，《能源法》有必要制定完善的能源统计信息制度、能源企业的信息披露制度。建立与统计部门、民政部门等的信息共享制度，来获取能源普遍服务基金使用中需要涉及的能源用户收入等信息[12]。

(二) 深化能源体制机制改革

中国现行的能源体制总体上是介于国营和政府规制两种体制之间。这种体制的弊端是政府干预过度，没有充分发挥市场价格机制的作用，导致能源生产和消费领域系统性的低效和扭曲。

纵观中国能源领域发展的历史，可以发现，中国能源行业每一次的重大发展机遇都是建立在改革的基础之上的，改革是能源行业发展的源动力。为了解决中国能源共享发展中面临的各种问题，实现在改革中推进能源共享的目的，中国必须持续深化能源体制机制改革[13]。

深化能源体制机制改革应该从三个方面入手，一是重新界定能源市场主体的功能，区分政府作为出资人和公共管理者的不同职能，分头行使、分类管理、相互制衡，按照还原能源商品属性的要求，还原国有能源企业商业化企业属性，使之成为真正按市场经济规律办事的合格的市场主体。二是重塑能源市场结构，放开竞争性领域的市场准入，剥离具有自然垄断性的管网环节，对所有市场参与主体公平开放，破除市场进入壁垒，构建有效竞争的市场结构和市场体系。三是重建市场运行机制，一方面放松直至取消竞争性领域的经济性管制，形成主要由市场供求关系决定的能源价格机制，让价格机制在能源资源配置中发挥决定性作用；另一方面加强对自然垄断能源企业的经济性规制，加强环境、安全和健康等领域的社会性规制，加强政府公共服务[14]。

参考文献

[1] 齐新宇. 普遍服务与电力零售竞争 [J]. 财经研究, 2004 (1): 96-103.

[2] 戴俊良. 美国、巴西农村电气化的特点及经验——国家经贸委农村电气化考察团考察报告 [J]. 农电管理, 2003 (2): 41-43.

[3] 夏青. 能源普遍服务及其在中国的制度设计 [D]. 华东政法大学, 2015.

[4] 齐正平, 林卫斌. 改革开放40年 我国电力发展十大成就 [J]. 电器工业, 2018 (10): 7-14.

[5] 王俊豪, 高伟娜. 中国电力产业的普遍服务及其管制政策 [J]. 经济与管理研究, 2008 (1): 31-37.

[6] 郑新业, 马本. 供给侧改革发力 政府和市场并用降低企业用能成本 [J]. 中国经贸导刊, 2016 (28): 29-30.

[7] 林卫斌, 陈可馨. 电力体制改革能否降低电价 [J]. 价格理论与实践,

2017 (2): 9-12.

[8] 林伯强, 蒋竺均, 林静. 有目标的电价补贴有助于能源公平和效率 [J]. 金融研究, 2009 (11): 1-18.

[9] 林伯强. 阶梯电价应当是居民电价改革的突破口 [N]. 21世纪经济报道, 2009.

[10] 阙光辉. 销售电价: 交叉补贴、国际比较与改革 [J]. 电力技术经济, 2003 (2): 24-27.

[11] 王成仁. 加快设立电力普遍服务基金 [N]. 经济日报, 2019-02-11 (011).

[12] 苏苗罕. 消除能源贫困的行政法机制研究——以能源普遍服务政策为例 [A] //中国法学会行政法学研究会. 中国法学会行政法学研究会2010年会论文集 [C]. 中国法学会行政法学研究会, 2010: 12.

[13] 李虹. 电力市场设计: 理论与中国的改革 [J]. 经济研究, 2004 (11): 119-128.

[14] 林卫斌, 方敏. 能源体制革命: 概念与框架 [J]. 学习与探索, 2016 (3): 71-78.

共享经济与城市绿色发展

张江雪　许逸欣　北京师范大学经济与资源管理研究院

共享经济是基于闲置物品或多余生产能力分享的新商业模式。随着互联网时代的到来，低成本、全方位的资源配置成为可能，共享经济对经济发展的作用日益扩大。党的十九大报告中指出"在中高端消费、创新引领、绿色低碳、共享经济、现代供应链、人力资本服务等领域培育新增长点，形成新动能"。共享经济已经扩大到生活服务、医疗保健、餐饮住宿、创意策划等各个领域，对于有效提高资源利用效率、促进我国经济结构转型和产业结构优化发挥着重要作用。

绿色发展是以效率、和谐、可持续为目标的经济增长和社会发展方式，是建立在生态环境容量和资源承载力的约束条件下，实现可持续发展的新型模式。城市作为人类活动的主要场所，是绿色发展的重要实施载体。在城市绿色发展的关键时期，大力推进共享经济，有利于破除高消费模式、城市化快速扩张对城市绿色发展的挑战，推动绿色消费模式的形成，促进城市产业的快速转型。

一、共享经济为城市绿色发展提供新动力

（一）共享经济有助于增加城市绿色产品的供给

共享经济能够在现有资源数量一定的情况下，通过提升现有资源存量的利用率有效增加绿色产品供给，促进城市绿色发展。共享经济的发展理念基于"人们需要的是产品的使用价值，而非产品本身"，其物质基础是闲置资源。科斯认为，"因为交易成本太高，许多潜在的交易无法进行"。共享经济可以借助网络等第三方平台，将供给方的闲置资源使用权暂时转移，为供给方创造利益，通过提高存量资产的使用效率为需求方创造价值，从而达到互利共赢。在协同经济模式下，共享资源的边际成本近乎为零，原因在于共享的资源物品大多是作为一种沉没成本的状态存在的，很多资源物品（比如设备、汽车）存在自然折旧，增加

使用强度并不会大幅增加其折旧速度，因而供给方有足够利润空间提供现有资源，从而促进现有资源存量的充分利用。

此外，共享经济能够提升资源匹配效率。共享经济的低成本、低门槛、高参与度是共享经济助推绿色发展的前提。与传统经济模式相比，互联网及智能终端移动设备的迅速普及，使得散置的资源通过信息化平台有效整合，海量的供给方与需求方可以迅速建立联系，供需双方的快速精准匹配得以实现。同时，互联网平台的开放性使得共享经济几乎不存在进出壁垒，传统的"劳动者——企业——消费者"的组织模式被颠覆，转而变成"劳动者——共享平台——消费者"的新型模式，从而能够规避交易的信息不对称性，有效降低交易风险，提升资源匹配效率，化解资源短缺问题，促进城市绿色发展。

（二）共享经济促进城市绿色消费

近年来，我国消费已取代投资成为国家经济增长的主力引擎。2018年，我国经济社会"双过半"趋势明显，其一是服务业在GDP中的占比超过一半，达到了52.17%，其二是我国社会互联网的渗透率达57.7%。共享经济能够以最低成本整合大量闲置资源，实现有效的供需对接，消费者只需要支付少量的租金成本便可以满足使用需求，逐步由"购买为主"向"租赁为主"模式转变，这种以使用权取代所有权的经济模式对传统的商业模式产生了巨大的影响。消费者的消费能力进一步扩大，共享式、循环式消费成为消费的主流模式。据《2017年共享单车与城市发展白皮书》显示，共享单车出现前，汽车出行占总出行量的29.8%，自行车只占5.5%，共享单车出现后，汽车占比总出行量比例明显下降至26.6%，而自行车骑行的占比翻了一倍至11.6%。在不到一年时间内，全国摩拜单车用户累计骑行总距离超过25亿公里，减少碳排放量54万吨，节约汽油4.6亿升。当今的共享经济既有助于推动生产方式、生活方式的绿色化，也有助于推动绿色消费在城市快速发展，已经成为与生态文明建设相适应的经济模式。

（三）共享经济为城市绿色就业创造条件

就业是民生之本，绿色就业是促进就业的发展方向。绿色就业是指符合低碳排放、节约能源、减少污染和保护生态环境四个方面标准的产业、行业、职业、企业，不直接对环境产生负面影响，总体上对环境有正向净效应。目前绿色就业岗位创造和转换的动力不足。传统观念下，每个人仅服务于一家企业或机构，个人才能的发挥受到固定岗位的限制，对社会的观念受到约束，而企业也只能雇佣一个独立的个体完成企业的工作，每个机构都要建立完整的团队结构，在这种情况下,通过就业转换促进绿色就业非常困难。而共享经济能给促使个人才能与企业劳动力需求精准对接,个人的能力不仅局限于固定的一家企业或单位,而是面向社会,劳动者转向绿色就业岗位的成本降低;对于企业而言,由于能低成本挖掘符合要求的人才,充分发挥劳动力价值,人力资源支出减少,创造绿色就业岗位成本也相应降低。在经济发展面临下行压力的背景下,在社会群体生活方式日益多元的情况下,共享经济提供了一种新的就业模式,为城市绿色就业岗位创造和转换提供动力。

二、城市绿色发展助推共享经济

随着生态文明建设步伐的加快和力度的加深,城市迫切需要转变成与生态文明时代相适应的低碳循环发展新模式;同时,随着绿色发展理念的不断深化,公众环保意识、节约意识逐步增强,公众更加偏好对绿色、循环产品的需求,在这样的双重驱动下,共享经济在交通、租房、废旧物品回收利用发挥着日益重要的作用,共享平台逐步拓宽,共享经济领域进一步扩大,城市绿色发展的新要求为共享经济发展注入活力。

(一)城市绿色转型的需求为共享经济发展提供空间

在经济高速增长背景下,我国城市面临着绿色转型问题。在城市化大提速的同时,庞大的人口数量和密集的人类活动都为城市的发展带来了不容忽视的负面影响,过量拓宽城市空间带来了突出的人地矛盾,城市生态的脆弱性也随之凸显,交通拥挤、住房困难、环境恶化、资源紧张等"城市病"制约着城市的进一步发展,解决这些棘手的城市难题依赖于城市绿色发展,国家为此出台一系列政策来引导城市绿色转型,这些政策也客观为共享经济发展提供新的空间。

2017年3月,由国家发展改革委、科技部、财政部、商务部、环保部等10个部门联合制定的《关于促进绿色消费的指导意见》全文对外发布,意见提出鼓励绿色产品消费、加强金融扶持等17条具体举措,力促绿色消费发展,并明确支持发展共享经济,鼓励个人闲置资源有效利用,有序发展网络预约拼车、自有车辆租赁、民宿出租、旧物交换利用等,创新监管方式,完善信用体系。城市绿色转型的迫切需要为共享经济的发展带来了政策上的支撑和资金上的支持,共享经济在短时间内取得巨大发展。据统计,2018年我国共享经济市场交易规模达29420亿元,比上年增长41.6%,平台员工数为598万,比上年增长7.5%,

共享经济参与者人数约 7.6 亿人,提供服务者人数约 7500 万人,同比增长 7.1%,未来三年,我国共享经济仍将保持年均 30% 以上的增长速度。

(二) 城市绿色发展催生绿色物流等新领域

目前,共享经济最成熟的领域集中在交通、租房等领域,随着国家对城市绿色发展需求的进一步提升,共享经济将向新的领域扩展,比如绿色物流。电商行业的繁荣带动快递行业迅猛发展,据《中国快递领域绿色包装发展现状及趋势报告》显示,2016 年我国快递行业消耗的包装箱总量约 86 亿个,塑料袋总使用量约 147 亿个,编织袋总使用量约 32 亿条,封套总使用量约 34 亿个,胶带 3.3 亿卷,包装物料的巨大耗损对资源环境的破坏已经成为无法回避的问题,城市绿色发展的需求倒逼电商企业、快递行业改革。与此同时,国家层面也出台相应政策在城市推广绿色物流,2016 年国家邮政局出台了《推进快递业绿色包装工作实施方案》,旨在谋划快递业绿色包装工作,提高快件包装领域资源利用效率,降低包装耗用量,采用更为绿色可循环的物流方式。基于绿色环保理念的"共享快递盒"应运而生。这一新兴行业由于制作成本低、可循环使用等优点,势必得到消费者的广泛关注,规模不断扩大。除此之外,城市绿色发展的需求还推动共享经济在资源环境、能源互联网、物流、旅游、金融等领域有所发展,并推进着绿色能源、绿色运输、绿色休闲、绿色金融的成长与壮大。

(三) 城市绿色发展对共享经济提出更高要求

以往,政府、消费者群体及共享企业过分关注共享经济模式对经济的拉动作用,忽视了共享经济模式的绿色性质,忽视了共享产品的低碳性。共享经济的发展面临着产业结构调整所带来的利益调整,面临着监管制度的调整和政府角色的重新定义,面临着消费者消费行为和消费习惯的巨大改变,面临着新的供给模式的建立和实施。共享经济的作用不仅局限于拉动经济增长,它还担负着转变消费模式、促进绿色生产、推进绿色就业和为区域绿色发展提供动力的责任,因此,当前城市绿色发展所处的阶段对共享经济的绿色性及共享产品的绿色性都提出了更高的要求,指明了共享经济的未来发展方向。

三、多举措并用,力推共享经济和城市绿色发展

共享经济作为一种新的商业模式,极大地颠覆了城市传统经济,但其本身仍受市场的逐利性引导,存在恶性垄断、过度扩张、信息泄露等问题,共享经济对

城市绿色发展水平的推动,不能自发进行,需要政府、共享经济企业、消费者的共同努力,政府的规制尤其重要。目前我国政府还没有专门针对共享经济的相关法律法规,作为对新产业、新模式和创新活动的回应,政府有必要进行科学合理的政策引导,释放共享经济对城市发展的绿色效应。

(一) 加强法律规制,明确顶层设计

我国现有法律的顶层设计偏重于问题解决和事后修补,缺乏前瞻性、系统性,不能适应共享经济这样的新生经济体系,针对共享企业合规性问题、共享平台的税收监管问题等,现有法律条文都没有明确规定,亟须政府出台政策填补空白。政府应发挥作用,在政策出台前,密切观察市场动态,维护市场正常秩序的运行,避免违规现象的发生;明确自身在共享经济发展中的定位,加快相关法规制度的建立,避免强制干预和"一刀切"现象的出现,保障市场在资源配置中的决定性作用,根据具体情况,协调处理共享经济发展过程中的问题。同时,政府部门应明确共享经济促进城市绿色发展的理念,明确共享经济的绿色属性,清晰界定共享经济对城市绿色发展的贡献度,制定符合绿色发展标准的发展纲要,对共享经济的正向外部性予以适度补贴,加速共享经济的绿色效应释放。

(二) 明确区域监督主体,打造共享经济绿色化

现有阶段,探索建立政府、平台企业、行业协会以及资源提供者和消费者共同参与的分享经济多方协同治理机制,对共享经济和城市绿色发展至关重要。首先,政府应承担主要监管责任。政府要强化自主权和创造性,做好与现有社会治理体系和管理制度的衔接,完善分享经济发展行业指导和事中事后监管。其次,平台企业也应发挥其监管作用,开通监管反馈渠道,寻求企业发展与有效监管的良性互动方式,在提供信息的同时,切实有效发挥信息披露、信息公开、信息反馈作用,保障各方交易的合规性和绿色性。再次,资源提供者和消费者群体是共享经济最重要的参与者,直接参与共享经济的交易,也应践行绿色消费理念,逐步成为绿色性为有效的监督主体,对恶意侵占资源行为及时监督举报,发挥共享经济高效协调资源能力,确保共享经济在微观层面绿色化的实现。最后,新闻媒体作为舆论监督的重要实施主体,应利用线上平台和数据资源,对城市共享经济领域实施绿色监测并向大众反馈,驱动共享经济绿色化的实现。

（三）把控行业规模，保障绿色效应

共享经济的初衷是有效整合资源，实现资源循环、分享式利用，而随着共享经济的飞速扩张，部分企业为了垄断市场，存在恶意竞争、过分扩张的现象，这种现象在交通领域尤为严重，违背了共享经济的初衷，给城市发展带来负面影响。以共享单车为例，企业的恶性竞争和资本投入的加持，造成单车投入过剩，乱堆乱放、疏于管理现象层出不穷，严重占用城市公共资源和空间，加剧城市管理成本。国家应严格把控共享经济行业规模，评估共享企业最佳规模，制定相应的法律措施，有效解决共享经济对传统经济的不公平竞争行为，引导建立积极健康的市场秩序；并对共享经济的负向效应予以规制，对破坏城市秩序、过度侵占城市空间的企业予以处罚，保障共享经济的良性发展；同时清晰界定共享经济和租赁经济的区别，防止恶性竞争、扰乱市场行为的出现，对切实保障共享经济对城市绿色发展的促进作用。

参考文献

［1］国家信息中心. 中国共享经济发展年度报告（2019）［R］. 2019.

［2］国家信息中心分享经济研究中心. 中国制造业产能共享发展年度报告（2018）［R］. 2018.

［3］郝飞飞. 对我国共享经济的审视与思考［J］. 商业经济研究，2019（6）：190-192.

［4］梁文凤. 共享经济发展下中国绿色就业战略转型研究［J］. 改革与战略，2017，33（5）：141-143，153.

［5］刘根荣. 共享经济：传统经济模式的颠覆者［J］. 经济学家，2017（5）：97-104.

［6］马化腾. 分享经济：供给侧改革的新经济方案［M］. 北京：中信出版集团，2016.

［7］马强. 共享经济在我国的发展现状、瓶颈及对策［J］. 现代经济探讨，2016（10）：20-24.

［8］清华大学媒介调查实验市. 2014移动出行白皮书：规律计划出行成趋势［R］. 乐活中国·中国网，https://www.lohas.china.com.cn，2015-03-08.

［9］杨林. 共享经济背景下经济绿色发展的理论思考［J］. 苏州科技大学学报（社会科学版），2017，34（6）：29-33.

[10] 张江雪. 基于绿色经济的中国技术创新绩效研究 [M]. 北京：经济日报出版社，2015.

[11] 张琦. 中国共享发展研究报告. 2017，共享发展与脱贫攻坚 [M]. 北京：经济科学出版社，2018.

[12] 郑德凤，臧正，孙才志. 绿色经济、绿色发展及绿色转型研究综述 [J]. 生态经济，2015，31（2）：64-68.

[13] 周宏春：共享经济助推绿色消费 [J]. 山东经济战略研究，2016（6）：56-57.

后 记

完成《中国共享发展研究报告》，是我们确定的一项常规性任务，每年一本，这是第三本，是我们团队集体成果。最近几年，我们带领北京师范大学中国扶贫研究院科研团队，承接完成了不少与共享发展密切相关的扶贫脱贫重大研究课题项目，不仅包含重大政策研究，也包括了实证性研究，也有对我国脱贫攻坚实践经验和案例总结研究，作为共享发展重要组成部分，中国扶贫脱贫对我国共享发展贡献是非常明显的，中国减贫巨大成效实际上就是中国共享发展的成功实践，全面建成小康社会的共享发展新格局到底怎么样？如何来衡量和测度效果呢？对此，通过从 2016 开始我们开始建立中国共享发展指数体系并进行的年度测度，可以明显感觉到，中国共享发展指数是一个很好衡量方法，已经不断完善，其内容和测度方法已逐步完善并走向成熟，我们也希望在之后出版的 2019 年和 2020 年度报告，能够继续得到进一步的验证，当然，也希望进一步的完善。

本研究报告，由我负责总体设计和组织。万君副教授和沈杨扬负责具体组织实施。宋涛副教授负责数据的处理和计算核对和检查。各章的分工如下：总论：张琦、孔梅。第一章：中国共享发展指数省际比较：沈杨扬、杨铭宇。第二章：中国城乡共享发展指数比较：沈杨扬、张欣欣。第三章：贫困与非贫困地区共享发展指数比较：万君、薛亚硕。第四章：三大区域共享发展指数比较：刘欣。第五章：典型省份共享发展指数比较：李世珂。数据收集：张涛。数据计算：宋涛。

感谢给与中国共享发展研究长期支持的王玉海教授、韩晶教授、林卫斌教授和张江雪副教授，他们每年都将自己在共享发展研究成果提供给课题组。

伴随 2020 年我国全面脱贫任务的完成和全面建成小康社会目标的实现，中国共享发展也将进入到高质量发展的新阶段，共享发展研究也同样将会面临新机遇和新挑战，我们将会继续深入研究下去，并在研究的内容和研究范围重点方面进一步深化和细化。欢迎社会各界提出批评意见和继续给予指导。让我们一起为国家和人民更加富强和幸福贡献才智。

张琦
2020 年 7 月于北师大